小公司
持续盈利
模式一本通

雪宁 ———— 著

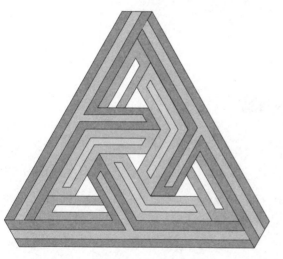

苏州新闻出版集团

古吴轩出版社

图书在版编目（CIP）数据

小公司持续盈利模式一本通 / 雪宁著. -- 苏州 ：
古吴轩出版社，2025. 8. -- ISBN 978-7-5546-2664-1

Ⅰ. F276.3

中国国家版本馆CIP数据核字第2025U400X4号

责任编辑：顾　熙
见习编辑：赵　卓
策　　划：汲鑫欣
装帧设计：尧丽设计

书　　名：小公司持续盈利模式一本通
著　　者：雪　宁
出版发行：苏州新闻出版集团
　　　　　古吴轩出版社
　　　　　地址：苏州市八达街118号苏州新闻大厦30F
　　　　　电话：0512-65233679　　　邮编：215123
出 版 人：王乐飞
印　　刷：易阳印刷河北有限公司
开　　本：670mm×950mm　1/16
印　　张：12
字　　数：136千字
版　　次：2025年8月第1版
印　　次：2025年8月第1次印刷
书　　号：ISBN 978-7-5546-2664-1
定　　价：49.80元

如有印装质量问题，请与印刷厂联系。0318-5695320

持续盈利需要建立模式思维

在当下百舸争流的商业世界里，小公司要想崭露头角，在短期内实现盈利只是第一步，持续盈利才是在激烈的市场竞争中站稳脚跟的生存之道。

盈利绝不只是意味着银行账户里的数字增长，还是公司能够不断创新、吸引人才和增加市场份额的根本保障。一旦盈利无法持续，公司的经营就失去了长期稳定的支撑，随时可能因为市场变化或技术迭代而遭受冲击，公司的健康发展也就无从说起。因此，没有持续盈利的支撑，小公司的任何长远规划都可能在现实面前化为泡影。

在公司经营过程中，要想实现持续盈利，培养模式思维能力至关重要。模式思维是一种系统化的思考方式，能够帮助我们从纷繁复杂的商业环境中找到通往成功的路径。投资界的传奇人物查理·芒格深谙此道，他始终强调"多元思维模型"的重要性，认为只有通过多角度、多层次的思考建立通用的思维模型，才能在各类复杂场景中找到解决问题的正确办法，从而在商业世界中立于不败之地。一个更简单的解读模式思维的方法，就是把公司经营比作学生做题，仅仅会解一道题只能保证当下的成功，只有掌握了一类题的解题思路和方法，才能将成功的经验复制下去，后者实际上就是建立了模式思维。所以，模式思维才是公司实现持续盈利的核心要素。

本书基于模式思维，从用户、营销、产品、品牌、平台、服务等多个角度探讨小公司实现持续盈利的可行之道，每一章都提供了实用的策略和真实的案例，旨在帮助公司在激烈的市场竞争中找到制胜之道。

第一章和第二章从用户和营销的角度，探讨了如何通过精准把握用户需求建立稳定的客户群体以及如何通过创新的营销策略扩大品牌影响力。第三章到第六章回答了以下问题：如何打造具有竞争力的产品线，如何塑造和维护令人难忘的品牌形象，如何利用不同平台来打造属于自己的经营路线，如何通过免费模式、自助服务和会员体系实现盈利，等等。第七章、第八章探讨了长线模式和短线模式的不同，以及两种模式分别侧重哪些打法。第九章到第十一章从社群模式、经营模式、产业模式的角度，分析了小公司赢得私域流量、降低运营风险与成本、完善产业链的可行方法。

无论你是刚刚起步的创业者，还是希望突破瓶颈的公司经营者，这本书都将为你提供思路、策略和方法。

让我们一起探索模式思维的奥秘，开启小公司持续盈利的新篇章吧！

目 录

第一章　用户模式：打造有针对性的盈利方案

人以群分：抓住用户"痛点"，构建用户画像　002

用户体验：提升用户参与感，增强用户黏性　007

价格弹性：价格敏感度决定产品策略　013

广告推送：个性化推荐让流量投放更精准　019

第二章　营销模式：撬动流量密码

爆款思维：让用户觉得"值得"最重要　026

流量为王："病毒式传播"转化平台流量　032

抓住热点：把握时势，出手要快、准、狠　037

第三章　产品模式：用质量赢得市场

质量为王：只有营销没有质量，注定失败　042

找准定位：产品要有自己的价值锚　046

少即是多：用减法思维做产品　050

第四章 **品牌模式：建立市场基本盘**

引爆 IP：强化品牌概念，打造粉丝经济   056

粉丝标签：发放粉丝福利，回馈用户支持   061

立规养习：强调仪式感，培养粉丝习惯   065

第五章 **平台模式：凭借好风上青云**

电商思维：借助平台流量运营产品   072

区域集中：突出线下仓库优势   077

虚拟社区：封闭社区让用户连接更紧密   081

第六章 **服务模式：根据特色找准盈利点**

免费模式：免费的关键在于付费转化   086

自助服务：依靠性价比打通市场   090

会员体系：打造"会员特殊性"，赢得人心   094

第七章　长线模式：深度打造客户群

持续订阅：注重用户留存率和内容更新频率　　　100

附加服务：用户忠诚度及满意度是关键　　　105

传播裂变：让子弹飞，强化"长尾效应"　　　110

第八章　短线模式：打出爆发点

重视时效：快速迭代产品，适应需求变化　　　116

增长热点：聚焦快速增长领域，抓住市场机会　　　121

战略合作：寻求互补协作，共享资源技术　　　125

第九章　社群模式：赢得私域流量

打造黏性：把握"兴趣圈"是建群逻辑　　　132

跑赢时间：有效互动维系社群生命力　　　137

持续裂变：寻找"种子用户"反哺社群　　　141

有效变现：利用"羊群效应"，开启变现之路　　　145

第十章　经营模式：降低风险与成本

众筹模式：换个角度看融资　　　　　152

共享模式：共同拥有而不占有　　　　157

特许经营：摊薄成本，扩大品牌影响力　162

第十一章　产业模式：逐步完善产业链

OEM 模式：传统代工，合作盈利　　　168

ODM 模式：贴牌合作，重视自研产品　172

OBM 模式：孵化品牌，整合产销一条龙　177

第一章

用户模式：打造有针对性的盈利方案

人以群分：
抓住用户"痛点"，构建用户画像

随着国内各类市场的逐渐成熟与完善，公司间的竞争也愈发激烈。与此同时，科技进步使得绝大部分公司面临数字化转型的难题。构建用户画像，便是公司在数字化转型中经常采用的重要手段之一。

"阿里巴巴八大策略人群"是公司构建用户画像的经典案例之一。2019 年，阿里巴巴与贝恩公司携手发布了《守正出新，点数成金：策略人群透视中国快消品新趋势——2019 年中国快消品线上策略人群报告》，在报告中提出"八大策略人群"这一概念，该概念将消费者划分为新锐白领、资深中产、精致妈妈、小镇青年、Gen Z（Z 世代）、都市银发、小镇中老年和都市蓝领八类，每类人群都有其独特的"标签"。例如，Z 世代是指以"95 后"为主的"互联网原住民"，他们生活在高线城市，消费活力非常旺盛。针对不同消费人群的消费升级潜力和电商渗透率，阿里巴巴又进一步将其划分为中坚力量、新势力以及蓝海人群三种类型。中坚力量包括新锐白领、资深中产以及精致妈妈，这类人群购买力强，注重生活品质；新势力包括小镇青年和 Z 世代，这类人群消费观念新颖，与时俱进；蓝海人群包括都市银发、小镇中老年和都市蓝领，这类人群网购率低，但仍有一定的消费潜力。

阿里巴巴通过构建用户画像，帮助入驻的品牌公司识别合适的消费群体，制定品牌专属策略，提升了品牌产品与消费群体的匹配度，优化了营销方向。例如，根据上述画像，户外旅行用具品类的核心策略群体为 Z 世代与中坚力量，可以有针对性地投放相应的营销内容。"八大策略人群"体现了阿里巴巴"以人为本"的消费者运营思路，强化了消费者群体与商品品类间的联系。

那么，用户画像究竟是什么？为什么用户画像能够帮助公司进行精准营销？

用户画像是通过收集、分析大量的用户数据，构建出具有代表性和典型性的用户角色。这些信息不仅能够帮助公司更好地了解其产品的目标受众，从而确定其营销方案，还能帮助公司了解市场中潜在的用户需求，促进公司推出更符合消费者偏好的产品。

而用户画像之所以能够帮助公司进行精准营销，是因为具有以下特点。

❶　基于大数据统计结果，客观真实

用户画像基于大规模的数据收集和分析，这些数据主要源自用户在网络环境下真实发生的交互行为以及呈现的内容偏好。在实际开展用户画像工程时，首先是进行大规模的数据收集，其次是在海量数据的基础上，通过统计分析、数理建模、聚类分析等手段，抽象出一系列具有代表性的特征。这些特征主要包括：统计特征，如用户的性别、年龄、所在城市等；规则特征，如用户近一年内购买该产品的次数超过三次；挖掘特征，如通过对用户购买记录的分析，判断出其潜在的购买习惯。由于数据来源真实可靠，统计方法科学严谨，这些特征最终可以应用到实际的运营场景当中，为运营提供有力支持。

② 精细的个性化标签，直击痛点

标签化是构建用户画像的主流方法，本质上是对用户的属性、行为、兴趣爱好等一系列特征进行解构，抽象出简洁、精准的标签词语。

在标签化过程中，首先要依据特定逻辑，将用户划分成不同层级。以经典的 AARRR 用户分层模型为例，它将用户生命周期划分成获取（Acquisition）、激活（Activation）、留存（Retention）、变现（Revenue）、传播（Referral）五个层级。对每个层级内的用户进行画像，有助于分析用户的流失原因、黏性程度等。

其次，在层级内部添加分群标签能够对用户进行更精细的划分。RFM 用户分群模型便是一种很实用的方法，它通过消费时间（Recency）、消费频率（Frequency）、消费金额（Monetary）这三个维度综合评估用户价值和用户为公司创造利益的能力。

最后，再对层级里的用户进行进一步细分，便能得到高度精细化的个性化标签。例如，某化妆品的购买者具有"北京，25～30岁女性，单次购买金额低，浏览时间长"的个性化标签，便说明该化妆品的购买者在选购时往往货比三家，最后倾向于选择性价比高的化妆品。因此，该化妆品公司可将"高性价比"作为宣传卖点，将广告精准投放到"北京，25～30岁女性"这一目标群体，这有助于提高广告的转化率，实现营销资源的高效利用。

③ 全链条辅助决策，导向精确

公司在筹备推出一款产品时，从构思产品概念到产品落地，其间往往会经历一系列的决策过程。在互联网时代，信息鱼龙混杂，只对信息做浅层化的筛选很难过滤掉无用信息，公司很容易受到无用信息的干扰，做出错误决策。而用户画像则能够有效解决这一难题。它通过将繁杂的定量数据转化为简练的定性描述，帮助公司精准地筛选用户。在产品设计阶段，公司可以借助用户画像快速锁定目标客户，从而明确产品的功能和特色；在产品改进阶段，公司可以通过参考同类产品的用户画像，有针对性地改进产品，满足用户需求；在产品营销阶段，公司可以依据用户画像进行精准的流量推送，确保营销资源触达目标客户。

那么，在将经过数据分析得出的用户画像实际应用到商业模式的过程中，又有哪些需要注意的问题呢？

1 侧重标签质量而非数量

构建用户画像的目的是使用户运营简捷有效，用户画像的标签数量过多，反倒会模糊分析结果，使得信息又回归原始状态。因此，在得到标签后，需要对其进行提炼，去除与实际商业目标无关的标签，保留与实际商业目标紧密相关的标签。

2 与实际业务场景相结合

用户画像基于客观存在的事实，是决策的辅助手段。在进行用户画像前，要明白构建该画像的目的，明确业务场景。如果脱离业务而单独进行用户画像，很可能得出无意义的结果。

3 重视用户画像的时效性

随着时间的推移，用户的基本标签与行为偏好会发生变化，用户画像与之紧密相关，因此也具有时效性。用户画像的构建并非一劳永逸的工作，在完成一次画像后，还要及时对标签内容进行更新，帮助公司更好地理解用户当前的行为和需求，及时抛弃过时的营销理念，保证商业手段的与时俱进。

用户体验：
提升用户参与感，增强用户黏性

建立稳定的用户模式对小公司的持续发展至关重要。一套出色的用户模式不仅能够帮助公司构筑独特的竞争优势，还能培养用户习惯，创造持续性收入。建立用户模式的核心在于关注用户体验，通过一系列有效举措提高用户对公司提供的产品或服务的黏性，如此一来，自然能实现持续盈利。

社区健身房"活力空间"的老板小李是个热爱健身的"90后"，他怀揣着对健康生活方式的热忱开启了创业之路。然而，开业半年后，小李发现情况并不乐观，健身房的会员不断流失，新客户也难以寻觅，每月收支只能勉强维持平衡。

面对这样的困境，小李开始反思：为什么会员们不愿意续费？自己提供的服务哪里出了问题？他决定从用户需求出发，重新思考健身房的运营模式。

小李走访了几位会员，他发现，他们中大多数人是因为缺乏专业指导和持续健身的动力而选择放弃。于是，他推出了一对一的私教服务和小组训练课程，并开设了积分奖励机制，鼓励会员坚持锻炼。

在走访的过程中，小李还注意到会员们希望能有一个交流的平台。于是，他马上创建了微信群，在群里定期分享健身知识，组织户外活动。就这样，小李将"健身"的概念融入了会员们的生活，让会员们更有参与感。除此之外，随着大家交流的增多，讨论的主题也不再局限于健身，而是逐渐扩展。慢慢地，会员们来健身房不再只是为了健身，还为了和朋友们线下交流，大家来健身房的频率明显增加。

三个月后，变化悄然发生。健身房的会员续费率提升了30%，老会员推荐来的新会员数量增长了40%，月均营收提升了25%。"活力空间"不再只是一个健身场所，它成了社区里充满活力的社交中心。

小李的成功并非偶然，他成功地打造了一个良好的用户模式，通过增强用户的参与感，提升了用户体验，增强了用户黏性。

接下来，我们可以深入探讨如何构建良好的用户模式。用户模式本质上是一种基于用户习惯和情感连接的商业模式，它的关注点并非局限于单次交易，而是更加侧重于建立长期稳定的用户关系。对小公司而言，通过提升用户体验来建立良好的用户模式，有以下优势。

① 降低获客成本

良好的用户模式能显著降低公司的获客成本。当用户依赖或喜爱公司的产品或服务时，他们不仅会自己持续使用，还会主动向身边的人推荐。这种口碑营销产生的效果远远强于付费广告。口碑营销既能节省营销支出，又能吸引来高质量的新用户。

例如，某咖啡馆通过推出会员积分计划和定期举办品鉴活动，成功地将普通顾客转化为忠实粉丝。这些粉丝不仅自己经常光顾这家咖啡馆，还常常邀请朋友一同前来。如此一来，咖啡馆的获客成本大幅下降，并且新客的留存率较高。

❷　增强竞争壁垒

成功的用户模式能够帮助公司塑造独特的竞争优势，巧妙地让用户产生转换成本，使其不会轻易被竞争对手抢走。这种优势不仅体现在产品或服务的功能层面，更多地体现在与用户在情感和习惯层面建立起深度联系。

举例来说，注重用户体验不仅仅是向用户提供产品或服务，也是在培养用户的习惯。一旦用户的习惯被养成，转换成本就会相应地增加，他们很难在短时间内适应其他产品或服务。而公司在给用户提供产品和服务的过程中，增强用户的参与感，公司与用户的情感连接就能随之建立。忠诚的用户往往乐于见到公司的发展壮大，用户参与感越强，对公司的认同度就越高，甚至会萌生"这家公司是我看着成长起来的""我也为产品的优化做出了贡献"的成就感，在这样深厚的情感连接下，用户黏性会非常高，而且对公司也会更宽容。

③ 持续创造价值

一套完善的用户模式能够持续为公司创造价值。用户的每一次互动，无论是直接的消费，还是间接的口碑传播，都可能催生新的价值。因此，用户模式的核心在于培养长期用户，重视用户的终身价值。

比如，长期支持公司的忠实用户，会自发地宣传公司，助力公司形成规模效应。这一群体不仅自身有较高的复购率，还能通过口碑传播的力量吸引新用户，提升公司的商业价值。反之，如果公司不重视用户体验，只看到当前订单的利润，那么用户的终身价值就变成了一次性价值，很难被充分发掘。

要建立行之有效的用户模式，我们需要循序渐进地搭建用户参与体系，从基础层、情感层、社交层和创造层切入，通过提高用户的参与感来增强用户体验。

① 基础层：功能性参与

功能性参与是建立用户模式的基础，它确保产品或服务能够有效满足用户的核心需求。这需要我们深入了解用户的痛点，不断优化产品性能和服务流程。

公司可以定期进行用户调研，了解客户的需求变化，进而持续优化产品或者服务的核心功能。在优化时要注意一个普遍的方向——简化产品的使用流程，降低用户的使用门槛。这能给用户带来非常好的功能体验，让大家更愿意接受和使用公司提供的产品和服务。

② 情感层：互动性参与

互动性参与旨在建立情感连接，让用户感受到被重视和理解。这需要我们建立有效的沟通渠道，及时响应用户需求，提供个性化服务。

首先，建立多渠道的用户服务系统，让用户可以通过多种方式与公司围绕产品进行互动，通过互动建立情感认同。其次，提升用户服务的质量，我们需要培训相关客服员工，增强其对产品的了解并加强其对用户诉求的理解，提高服务的效率。最后，可以设计个性化的用户互动机制，根据产品类别和用户类型提供个性化服务，比如知名毛绒玩具品牌Jellycat就在销售过程中提供"童话式"的扮演服务，既与品牌调性贴合，也能让用户在购物过程中沉浸式体验成人童话世界，从而对品牌理念有更强的认同感。

③ 社交层：社区性参与

社区性参与旨在建立用户之间的连接，形成一个以品牌为中心、以用户创造为主体的社群，有助于增强用户的归属感。

首先，公司可以搭建用户交流平台，小成本运营可以借助各种社交平台，例如成立官方淘宝群、小红书群、抖音群或微信群，体系化运营则可以打造公司自己的论坛生态，搭建用户线上交流平台。其次，可以做线上和线下的联动，策划、组织丰富的线下活动，让线上的用户资源转移到线下，加强社区属性。同时，不管是线上还是线下，都要鼓励用户分享产品的使用体验和改进建议，并给予用户正面反馈，形成闭环，这样才能给社区灌注生命力。

④ 创造层：共创性参与

共创性参与是用户参与度最高的层面，指的是让用户深度参与产品开发和品牌建设，实现价值共创。用户会因为深度参与而对品牌产生强烈的认同感，进而成为产品或服务的核心支持群体。

共创性参与需要调动用户的创造力，鼓励用户进行多维度输出。例如，邀请用户参与产品测试和改进，根据用户在使用过程中反馈的真实意见，对产品进行迭代升级；举办创意征集活动，参考用户提出的创意建议规划后续的产品路线或市场营销策略；还有一种比较常见的方式是鼓励用户生成与产品或服务相关的内容，比如一些游戏产品会鼓励社区用户输出游戏视频、绘画作品或衍生文字作品，这些用户生成的内容不仅能用于二次宣传，还能丰富产品生态，让产品的整体体验更好。

通过以上四个层面的逐步推进，我们可以提高用户的参与感，提升用户体验。当用户与公司形成稳固的依存关系时，公司实现持续盈利就不再是问题。

价 格 弹 性：
价格敏感度决定产品策略

价格敏感度这个看似普通的概念，却在公司制定产品策略时扮演着至关重要的角色。不同用户的价格敏感度差异巨大，公司如何准确把握并利用这一差异，制定出合适的产品策略，实现持续盈利呢？

有的消费者对价格极为敏感，会在不同品牌和产品之间反复比较，只为找到性价比最高的那一个；而有的消费者则对价格相对不那么在意和敏感，而是更注重产品的品质和独特性。这种价格敏感度的差异，直接影响着消费者的购买行为和决策过程。公司只有准确把握不同消费者的价格敏感度，才能有的放矢地制定产品策略。

某知名手机制造商准备推出一款新型智能手机。在市场调研的过程中，他们发现不同消费者群体对价格的敏感度各不相同。年轻消费者更看重时尚外观、强大性能和高端配置，对价格相对不敏感。而中老年消费者则更注重性价比，对价格较敏感，关心手机的功能是否实用、价格是否合理。

公司针对这一情况，制定了差异化的定价方案。针对年轻消费者群体推出了高配版手机，定价较高，在营销上强调独特功能和高端配置。例如，宣传手机搭载了目前顶尖的处理器，能够轻松运行大型游戏和进行多任务处理；手机拥有高像素的摄像头和先进的光学技术，能够拍摄出专业级的照片和视频；等等。

针对注重性价比的中老年消费者群体，公司推出了功能实用、价格相对较低的简配版手机。简配版手机去除了一些非必需的功能，保留了中老年消费者常用的功能，如大字体显示、一键呼叫等。同时，在营销上突出手机的性价比优势，强调价格实惠、功能实用、质量可靠。

公司通过精准的市场定位和定价策略，在产品推出后成功吸引了不同的用户群体，市场份额大幅提升。

消费者的价格敏感度实际上是他们面对价格变化时的一种心理反应和行为表现。价格敏感度高的消费者会对产品价格的微小变动有较为强烈的反应，这表明他们的购买决策受价格因素影响较大。例如，一旦某个日常消费品的价格上涨，价格敏感度高的消费者就会立即寻找更便宜的替代品或者减少购买量。而价格敏感度低的消费者不会因为价格的小幅变动而改变自己的购买决策，他们更注重产品的品质、性能等非价格因素。

替代品数量、产品的重要程度、独特性、转换成本和品牌等产品因素会影响消费者的价格敏感度。这意味着，公司要根据自己的情况来判断用户群的价格敏感度，并要有针对性地制定产品、定价和促销策略。

① 产品策略

对于价格敏感度较高的市场，公司需要重视成本控制和产品创新。由于消费者对价格较为敏感，公司要在保证产品质量的前提下，尽可能降低成本，以提供更有性价比的产品。同时，还要不断创新来提升产品的竞争力，满足消费者对产品功能和品质的要求。例如，可以通过优化生产流程、使用更经济的原材料、在产品设计上进行创新、增加实用性功能等措施，吸引对价格比较敏感的消费者。

对于价格敏感度较低的市场，公司可以关注产品附加价值和品牌形象。考虑到消费者对价格不敏感，公司可以通过提升产品的附加价值来提高产品的售价和利润率。例如，提供更好的售后服务、定制化的产品设计、独特的包装等。同时，注重品牌形象的塑造，通过广告宣传、公关活动等方式提升品牌的知名度和美誉度，让消费者愿意因之而接受更高的价格。

② 定价策略

对于价格敏感度较高的市场，公司需要制定具有竞争力的价格策略。这意味着公司要密切关注市场上同类产品的价格，根据竞争对手的价格来调整自己的定价，确保自己的产品在价格上具有优势。一方面，可以采用薄利多销的策略，通过降低价格来吸引更多的消费者，提高市场份额；另一方面，也可以通过促销活动、发放优惠券等方式来精准营销、筛选客户、刺激消费。

对于价格敏感度较低的市场,公司可以根据产品的品质、特色、品牌价值等因素采用较高的定价,以提高利润率,但要确保产品和服务的品质符合受众的期待。

③ 促销策略

对于价格敏感度较高的市场,公司需要通过开展各种促销活动给予消费者价格优惠。该市场的消费者对价格非常敏感,价格优惠和促销活动能够有效吸引他们购买产品。公司一方面可以通过打折、满减、买一送一等促销方式来精准营销,刺激消费者的购买欲望;另一方面,也可以通过向老顾客发放优惠券、积分兑换等方式增加消费者的购买频率,提高消费者的忠诚度。

在价格敏感度较低的市场,公司需要关注自身的品牌形象和消费者的消费体验。通过举办品牌活动、营造高端的购物环境、提供个性化的服务等,让消费者在购买产品的过程中感受到品牌的价值和魅力,从而提高他们的购买意愿和忠诚度。

从用户的角度思考,在考虑到价格敏感度这个要素后,公司想实现长期的稳定盈利,可以按照以下三步调整经营策略。

① 客户细分

构建用户画像的重要性和方法,我们已经在本章第一节详细介绍过,此处不再赘述。这里强调提取用户画像中的价格敏感度信息,对客户群进行细分和对标。

例如,年轻时尚的消费者群体可能更注重产品的外观设计和品牌形象，价格敏感度相对较低；家庭主妇群体可能更关注产品的实用性和性价比，价格敏感度较高。根据不同人群不同的需求和价格敏感度，公司可以制定出有针对性的定价策略。

② 优化产品和服务

根据客户细分结果提供个性化的产品和服务，可以有效提高产品和服务的针对性和竞争力。比如，针对注重产品品质的客户群体，公司可以加大研发投入，在提升产品的质量和性能的同时，提供更优质的售后服务。而针对价格敏感度高的客户群体，公司可以在保证基本功能的前提下，简化产品的外观设计，降低成本，提供更实惠的价格。

③ 灵活运用价格调整策略

价格调整策略指的是公司根据市场变化和客户需求，选择合适的策略调整产品价格，如降价、提价或灵活定价，同时监控价格调整后的市场反馈。

当市场需求下滑或竞争对手纷纷降价时，公司可以考虑采取降价策略，以此吸引更多消费者的目光。例如，在电子产品市场竞争激烈的情况下，公司可以通过推出促销活动、降低产品价格等方式，提高产品的市场竞争力。当市场需求上升或产品成本增加时，公司可以适当提价，以保证自身的利润空间不受侵蚀。此外，公司还可以采用灵活定价策略，根据不同的客户群体、销售渠道和时间节点等因素，制定差异化的价格体系。例如，酒店在旅游旺季，可以提高房价；在旅游淡季，可以推出优惠套餐，吸引更多的游客入住。灵活定价策略还允许公司根据地区经济水平和购买力差异，制定地区性的价格策略，以增加市场份额。灵活定价策略也支持我们开展多样化的促销活动，如限时折扣、捆绑销售等，以吸引新客户，增加市场占有率。

公司通过精准把握用户的价格敏感度，可以制定更加科学、合理的产品策略，实现持续盈利。让我们一起重视价格敏感度这个关键密码，开启小公司成功的大门。

广告推送：

个性化推荐让流量投放更精准

在这个信息爆炸的时代，用户总是被海量的广告所包围。如何让产品的广告在众多信息中脱颖而出，精准地触达目标用户，是公司在思考用户模式时的首要难题。个性化推荐的出现，犹如一盏明灯，为公司照亮了精准投流的道路。它依托先进的算法与大数据分析技术，能够将最契合用户需求与偏好的产品广告精准推送到用户眼前，大大提高广告的有效性与转化率。

小红书因其个性化推荐模式深受年轻人喜爱。在用户注册、登录并浏览了一部分帖子后，小红书会通过智能算法迅速分析用户的初始浏览行为。例如，一位年轻女性用户如果在首次登录后浏览了几篇关于时尚穿搭的笔记，并且点赞、收藏了其中几篇有关欧美风服饰搭配的帖子，小红书的系统便会记录下这些行为数据，将其归类为对时尚穿搭领域尤其是欧美风穿搭感兴趣的用户类型。之后，该用户的信息流中便会大量出现各种欧美风时尚品牌的新品推荐、穿搭技巧分享以及相关时尚活动的广告。

这种针对性的推送算法，能增加商品在潜在用户面前的曝光概率，使用户更容易看到自己感兴趣的商品，点击率和购买率自然也会大大上升。

小红书充分考虑了用户的年龄、喜好等因素，结合用户的浏览、点赞、收藏等数据，为不同年龄段的用户提供了符合其年龄特点和兴趣爱好的个性化推荐内容，从而提高了用户对平台的黏性和满意度，也为品牌和公司提供了更精准的营销渠道，实现了用户与平台、公司之间的良好互动与共赢。

对小公司来说，利用个性化推荐功能进行广告营销，不仅可以提高转化率，还能增强用户黏性，是用户模式下制定盈利方案的重要方法。下面，我们从四个方面简单分析一下个性化推荐的优势。

❶ 提高广告转化率

个性化推荐能将广告精准投放到对产品有潜在需求的用户面前，这些用户更有可能对广告内容产生兴趣并采取购买产品或服务的行动，从而显著提升广告的转化率。

❷ 降低营销成本

公司无须在广泛而低效的受众群体上浪费广告资源，运用精准的个性化推荐，只针对目标受众投放广告，可以减少无效曝光，使营销成本得到有效控制。

③　增强用户黏性

个性化推荐能够更好地满足用户的个性化需求，让用户感受到平台或公司对他们的关注和理解，使用户对平台产生好感和依赖，进而提高用户的忠诚度和留存率。例如，电商平台如果能根据用户的购买偏好向其推荐合适的商品，就会促使用户更愿意在该平台购物。

当用户持续获得符合自身兴趣的产品推荐和优质服务时，就会更容易与公司建立起长期稳定的关系，成为公司的忠实客户，为公司带来持续的业务增长与价值。

④　优化产品策略

公司通过分析用户的兴趣和行为数据，可以了解用户的潜在需求和市场趋势，从而为产品的创新和优化提供依据，有助于开发出更符合用户需求的新产品或改进现有产品，提高产品的竞争力。

对于一些冷门但有价值的产品，个性化推荐可以给予它们更多的曝光机会，避免出现热门产品过度曝光而冷门产品无人问津的情况，从而提高整个产品线的利用率，实现产品资源的合理配置。

对小公司来说，要想在实战中做好个性化推荐，为产品带来更多有效曝光和忠实粉丝，需要注意以下三个方面。

① 多渠道获取用户数据

公司遵照相关法规，通过数据协议，从多个渠道获取用户数据，比如可以在公司的官网上设置用户注册和登录功能，这样可以收集用户的基本信息，如年龄、性别、地域等。同时，要记录用户在网站上的浏览路径，包括浏览的页面、停留时间、点击的产品或内容等信息。例如，一家小型电商公司通过用户在商品详情页的停留时长，判断其对该商品的感兴趣程度。

也可以利用社交媒体平台与用户互动，收集用户的点赞、评论、分享等行为数据。如果公司有微信公众号或微博账号，可以通过分析用户对不同推文的反馈，了解用户的兴趣偏好。比如，一家小型手工饰品店发现用户在微博上对复古风格饰品的图片点赞较多，就可以将这一信息纳入用户数据的构建中。

有线下门店的小公司可以通过会员制度收集用户的购买记录、消费频率、购买产品类别等数据。例如，一家小型烘焙店可以记录会员购买面包、蛋糕的种类和数量，以及购买时间间隔等信息，以便更好地了解用户的口味偏好和消费习惯。

② 基于用户特征进行广告推送

依据用户在不同阶段的行为特征设置广告推送策略，可以让公司更精准地把握用户当前的需求。

对于首次接触公司的平台或产品的新用户，可以向其推送一些有吸引力的入门级产品或服务广告，同时提供新用户专属优惠，吸引新用户转化。

对于经常与公司互动或购买公司产品的活跃用户，可以向其推荐一些关于升级产品、限量版产品或配套产品的广告，并提供会员专属的积分兑换或购买优惠，刺激活跃用户进行更多消费。也可以邀请活跃用户参与公司的活动或加入用户社区，增强用户黏性，进一步提升用户的消费体验和对品牌的忠诚度。

对于有流失风险的用户，要通过分析其行为数据找出用户流失的原因，如长时间未购买产品、未参与互动等。针对这些原因，可以向其推送个性化的召回广告。也可以向其发送个性化的关怀和优惠信息，如发送生日祝福和专属优惠券，或者在特殊节日发送问候和限时优惠广告，唤醒用户对公司的记忆和好感，促进他们的消费行为。

③ 广告投放时机的精准把握

公司在进行个性化广告推送时，要根据用户在平台上的活跃时间分布，在用户最可能关注广告的时间进行投放。例如，如果用户在晚上七点到九点之间使用手机浏览相关产品内容的频率较高，就可以在这个时间段向用户推送优惠广告或新产品介绍，提高广告的曝光率和点击率。

电商类小公司可以根据用户的购买历史和浏览记录，在用户可能有购买需求的时间推送广告。比如，经营母婴产品的公司可以在宝宝出生后的特定时间段，如宝宝满月、百日等时间节点前，向新手妈妈用户推送相关的婴儿用品广告，因为这些时间节点往往是妈妈为宝宝采购物品的高峰期。

也可以根据产品服务的具体领域，提前了解并利用特殊事件和节日进行广告推送。例如，花店可以在情人节、母亲节、教师节等节日前，向用户推送节日鲜花预订广告，并提供节日专属优惠和定制服务，如免费配送、定制花束卡片等。与此类似的思路是关注社会热点事件和流行趋势，根据当前热点及时调整个性化推送的广告策略。

巧妙运用个性化推荐手段进行广告推送，深入了解用户模式，有助于小公司在激烈的市场竞争中实现持续盈利。

第二章
营销模式：撬动流量密码

爆款思维：
让用户觉得"值得"最重要

营销模式如同船的舵盘，掌控着公司的前行方向，能帮助公司撬动流量密码，实现长期的盈利转化。而爆款思维，无疑是能帮助公司在惊涛骇浪中辟出航道、驶向持续盈利彼岸的魔法棒。它的核心要义是让用户从心底认定产品值得付费，进而触发购买行为，筑牢品牌根基。

某地有一家名为"小鱼咖啡馆"的饮品店，在竞争激烈的行业内牢牢占据自己的一席之地。创始人小鱼从一开始就考虑到生存问题，力求让自己的咖啡馆给顾客留下"这家咖啡馆值得一去"的印象。

小鱼认为，提升咖啡馆核心产品的质量，是让顾客觉得"值得"的基础。对一家咖啡馆来说，咖啡质量、口味是吸引顾客的根本，所以小鱼从源头开始优化，与云南的精品咖啡豆种植园合作，确保咖啡豆的品质。小鱼还不断学习专业的咖啡制作技术，推出了几款独特的风味咖啡，比如"焦糖海盐拿铁"和"柠檬冷萃黑咖"等，区别于连锁咖啡馆常见的口味，实现了咖啡口味差异化。这些独特的咖啡口味成为小鱼咖啡馆的招牌，也让顾客觉得，小鱼咖啡馆的咖啡值得它的价格。

为了给顾客"小鱼咖啡馆的咖啡性价比高"之感，小鱼在咖啡馆开辟出"咖啡与书"阅读区，顾客购买咖啡后可以免费借阅店内精选的书籍。此外，她还与当地的手工艺人合作，开发了一系列咖啡主题服务及周边产品，比如在咖啡杯上刻字服务以及限量版手工编织杯垫，只要顾客购买多杯套餐就可以赠送刻字服务或杯垫。这样，顾客在小鱼咖啡馆不仅能喝口味独特的、味美的咖啡，还能免费阅读书籍，免费获得手工艺品等，这一系列美好体验，让顾客觉得在小鱼咖啡馆喝咖啡是一件身心愉悦、很值得的事。

用户的"值得感"从何而来？当我们思考某个产品为什么会成为爆款时，往往很难找到头绪，但如果你将问题简化为"如何让用户觉得产品买得值"，就能得到更清晰的答案了。

① 突出产品性价比

性价比其实是从两方面来体现的，首先是价格足够低廉，其次是产品质量过硬，两者只要能做到一点，就能让用户觉得值。如果产品的价格够低，即使质量并不突出，也不会被用户诟病，因为用户有"价格这么便宜，还要提什么额外要求"的想法。而如果产品的质量过硬，比如在用料、设计、功能等方面都超过行业平均水平，用户就不会太在意溢价，更愿意为产品支付更多的费用。只是，这两种产品对应的用户群往往不重合，甚至是用户群的两种极端。所以，如果能在"性""价"两方面同时占据优势，就意味着覆盖了用户群的两种极端情况，往往能在市场上争取到绝大多数客户，将产品打造成爆款。

② 提供优质体验

给用户提供优质的体验也能让用户觉得钱花得值得。以电商为例，优质的购物体验贯穿售前、售中与售后全程。售前咨询时，客服响应迅速、解答专业；售中购买时，支付便捷，配送高效准时；售后维修、退换货规则宽松、贴心。将对顾客购物体验的提升贯穿于购物全程就能赋予产品更高的"值得分"。例如，京东凭借当日达、次日达的配送服务，搭配完善的售后保障，让消费者购物全程无忧，所以很多人将京东平台视作购买电子产品的优先选项，哪怕产品定价相对较高。

③ 引起情感共鸣

在产品中融入文化、情怀元素能直击用户内心，提供超越物质层面的价值。以故宫文创产品为例，它们将故宫深厚的历史文化底蕴巧妙融入文具、饰品等日常物件中。消费者购买时，收获的是与传统文化的情感连接，那份传承文化的使命感让价格不再是首要考量因素，就会产生物超所值的感觉。

当我们了解了用户"值得感"的来源后，小公司便明确了如何利用爆款思维来打造产品，实现持续、长久的盈利。我们可以用让用户觉得"值"的方式来打造、升级产品和服务，具体有以下三个主要步骤。

① 深挖需求，瞄准小众赛道

公司可以投入时间与精力，综合运用定性和定量方法，开展系统调研。在定性层面，邀请背景不同但同属于目标受众的典型用户，围绕产品或服务所属的领域畅所欲言，挖掘其深层需求、痛点及期望；在定量层面，设计科学、严谨的问卷，借助线上问卷平台、线下门店等广泛收集数据，精准分析用户偏好、消费习惯、价格敏感度等信息。

然后，我们要依据调研结果，避开竞争红海，聚焦细分且有潜力的利基市场。通过分析市场饱和度、增长趋势及竞争态势，选定契合自身资源与能力的领域切入。以宠物行业为例，不盲目跟风宠物食品、玩具等大众品类，而是瞄准老年宠物护理、稀有宠物特殊用品等小众赛道，推出专业、专属服务抢占先机，成为目标用户的"心头好"，提升产品的相对价值感，奠定自身的盈利基础。

② 提升品质，创造超值体验

公司要做到品质把控"零死角"。从源头抓起，严格筛选供应商，建立完善的原材料、零部件质量检测体系，确保每一项投入品均符合高标准。在生产环节，制定标准化作业流程，引入质量监控设备与质量监控机制，定期抽检、巡检，杜绝次品流入市场。

在产品设计上，兼顾功能与情感需求，融入创新元素以提升竞争力；在功能设计上，遵循人体工程学与便捷性原则，优化操作流程、提升使用效率；在情感层面，赋予产品独特的故事、文化内涵或提供个性化定制选项。以家居饰品公司为例，推出可定制图案、颜色的家居饰品，可以在满足用户的家居装饰需求的同时，彰显其个性，不仅增强了产品的附加值，更容易赢得用户青睐。

③ 多元营销，激发流量与口碑势能

公司可以搭建线上营销矩阵，定期优化搜索引擎关键词，确保在相关搜索结果中产品的排名靠前，提升自然流量；也可以在社交媒体平台开设官方账号，依据平台调性定制内容，如微博侧重围绕热点话题互动，知乎侧重分享专业见解，抖音侧重制作吸睛短视频，等等，让产品信息触达不同的受众群体。这些方式都是为了通过高频的曝光、便捷的购买渠道让用户感知到产品的热度。当用户觉得产品很受欢迎时，就会产生围观心态和信任感，更容易产生付费转化。如果是热度较低、销量较少的产品，即便品质很好，也不容易吸引新用户。

此外，还可以制定激励式口碑传播策略，如开展推荐有礼（老用户推荐新用户，双方均可获得折扣、赠品）、用户评价返现等活动，激发用户的分享积极性。同时，借助社交网络的口碑传播"涟漪"，低成本拓展客源，让潜在用户由于熟人推荐产生对产品的信任感，增强"值得购买"的认知。

爆款思维绝非投机行为，更不是一锤子买卖，而是一种以让用户产生"值得感"为导向的长期战略。小公司只要紧扣用户价值需求，步步为营地践行上述三个步骤，也能凭借爆款产品解锁持续盈利的成功密码，书写属于自己的商业传奇。

流量为王：
"病毒式传播"转化平台流量

当今社会，不管是传统行业还是新兴行业，只要是面向用户销售产品和服务的公司，就都瞄准了社交媒体的流量。谁能将社交媒体流量为自身所用，谁就能在激烈的市场竞争中脱颖而出。

"90后"女孩小刘的父亲是非物质文化遗产灵山竹编技艺的代表性传承人。小刘从小就对竹编感兴趣，2016年干脆辞职回到家乡，继承竹编工坊，并开起网店销售竹篮、竹筐等传统竹编制品。一开始，销量非常一般。

在一次直播中，有网友留言建议她制作竹编猫窝，这个建议立刻引发众多网友的讨论，大家纷纷提议，可以做不同形状、不同大小的猫窝。小刘发现了商机，让父亲制作出竹编猫窝并在直播间展示，立刻就有顾客下单。

竹编猫窝因为造型耐看、夏天凉快、适合猫咪磨爪子等优点，受到了顾客的喜爱，大家的推荐让这个原本普通的网店得到了更多关注，这家网店逐渐成为做竹编猫窝的网红店。不仅直播间的浏览量不断攀升，店铺发布在抖音等平台上的短视频也吸引了大量用户观看和分享，知名度迅速提升，店铺的粉丝数量也快速增长。最后，这家店铺的年销售额最高达到三百多万元，获得了巨大的经济收益，同时也带动了当地村民参与竹编制作，增加了村民收入。

互联网时代的"病毒式传播"就是有这样强大的影响力。"竹编技艺＋猫窝"这种不走寻常路的组合很容易引起网友的关注，正因如此，竹编猫窝的信息才能在网络上迅速扩散，使得原本寂寂无闻的刘家网店在短时间内被大量用户知晓，成功蜕变成网红店铺。"病毒式传播"是通过提供有价值的产品或服务，促使消费者主动进行传播，进而实现营销的杠杆效应。"病毒式传播"有以下三个特点。

① 具有感染力

在"病毒式传播"的方式下，内容就像具有强大感染力的"病毒"，一旦释放，就能迅速在人群中扩散开来。以网络热门歌曲的传播为例，人们往往通过口口相传、社交媒体分享等方式将其快速传播到各个角落，这首歌曲的曲调感染着每一个听到它的人。各种网络热点、流行梗也具备这种感染力。这些内容之所以具有感染力，一方面是因为符合大众审美，能引起大部分人的欣赏或好奇，另一方面是因为能唤醒集体记忆或引发集体共情，比如"'90后'最喜欢的""'80后'的童年回忆"等信息比较容易感染有相同记忆和经历的人。

② 具有好创意

"病毒式传播"一般建立在好创意的基础上，有别于他人的创意才能撬动流量。比如，某海外连锁快餐品牌一直以采用天然有机食材作为宣传重点。为了宣传品牌理念，他们联合知名工作室推出了动画短片《稻草人》和同名游戏，这部动画短片虚构了一个未来世界，讲述了一个红辣椒（品牌形象）改变了稻草人被劣质食物奴役的命运的故事，引起了人们对食品安全的关注。该动画短片在短短一个月内就在某海外平台上获得了超过一千两百万次的浏览量，同名游戏的下载量也突破了五十万，这一创意宣传方式为公司带来了巨大的市场影响力。

③ 具有突发性

"病毒式传播"往往具有突发性，不像传统的营销方式那样呈渐进式发展。以 2015 年圣诞节前后盛行的微信朋友圈头像"换帽游戏"为例，一夜之间，微信朋友圈里的许多头像都戴上了圣诞帽，这个现象如同雪崩一般，毫无预兆地发生，又迅速归于沉寂，充分展示了病毒式传播的突发性。

公司想通过营销实现持续盈利需要关注流量，"病毒式传播"是将平台流量转化到产品中的有效方式。小公司可以通过找准引流渠道、设计创意文案和搭建引流体系这三个实践步骤，实现持续盈利。

① 找准引流渠道

首先，可以分析竞争对手，学习其营销方法。具体来说，就是研究竞争对手的目标客户、产品定位和营销策略，了解他们的优势和特点，找到自己的差异化竞争点，提升引流效果。

其次，可以寻找与自身产品的目标用户群体相同但没有竞争关系的实体店合作，主动寻找有需求的用户。例如，做儿童服装的公司可以与母婴店、玩具店等合作，互相推荐客户，扩大流量来源。

最后，给予老客户一定奖励，引导他们推荐新客户。老客户推荐的客户一般精准度高且信任度强。同时，要关注大数据，了解目标用户的上网习惯，精准定位潜在客户，选择合适的平台，如贴吧、微博、微信公众号等进行引流。

② 设计创意文案

对小公司来说，用有创意的文案来引起用户的自发传播是成本最低的营销方案。创意文案可以从场景出发，围绕用户的使用场景创作文案，并在其中融入品牌特性，在增强真实性的同时宣传品牌。此外，标题要简洁明了、有吸引力，易于理解和记忆，能概括文章内容。文案要使用简单易懂的语言，用故事化的内容吸引读者的注意力，与读者建立情感联系，突出产品的独特卖点和竞争优势。

③ 搭建引流体系

公司要将引流作为常规化、流程化动作，持续吸引流量。

一方面，可以通过多种线上引流方式搭建引流体系。如故事驱动的引流，制作网络短剧讲述品牌或用户故事，发布互动故事提高用户参与度；游戏化引流，开发品牌定制小游戏、举办挑战和竞赛等；在非传统广告平台如音频平台、流媒体平台投放广告；鼓励用户生成内容，举办内容创作挑战赛。

另一方面，要不断优化引流策略。例如，通过市场调研、数据分析等方式了解用户需求和行为变化，并及时调整引流渠道和方法。同时，持续更新内容，保持输出的延续性，稳定扩大顾客群体，提高粉丝的质量和数量。还可以与其他创作者互动，共同营造活跃的氛围，提升权重、增加推荐机会。小公司可以通过这些措施搭建起有效的引流体系，持续吸引流量，为实现持续盈利奠定基础。

总之，小公司要在多个方面下功夫，充分利用"病毒式传播"的优势，将平台流量转化为产品销量，才能在激烈的市场竞争中保持优势。

抓住热点：

把握时势，出手要快、准、狠

　　营销需要善于抓住公众热点，并将热点和自身的产品与服务结合起来，利用热点引发用户对产品的关注。任何热点都有自己的周期，在热点发酵和引爆的时候快、准、狠地入场，才能最大程度做好营销宣传。

　　2023年，某带货主播的言论引发了大众对国货产品的讨论，相关话题的热度持续攀升。网民们纷纷呼吁"良心国货"，不少国货品牌都借机宣传自家产品。在这些宣传中，最令人印象深刻的是包头市红卫日用化工有限公司的董事长奇德喜为了证明产品的安全性而吃肥皂的举动。

　　事情的起因是奇德喜在给新员工讲解产品时，为了说明产品的安全性，吃下了一块羊脂皂。这一行为被员工拍下来并上传到了网上，该视频在全网掀起"国货热潮"后迅速传播，引发了广泛的讨论。有人好奇肥皂是否真的可以吃；也有人质疑这是营销手段，并不是真吃。

　　奇德喜针对这些问题和质疑给予了回应，表示红卫产品的所有成分都取自食材，羊脂皂是用草原上的牛羊油脂和蒸馒头用的碱在高温下生成的皂基制作而成的，加工过程中用到的材料也十分安全，工厂设备也都是根据炊具质量标准配备的，所以红卫的产品是安全的，即使在清洁过程中误食了也没有任何问题。

红卫的借势营销突出了"安全健康"这一产品亮点，让它瞬间在一众国货中脱颖而出，成为大家想要寻找的"良心国货"的代表，品牌关注度直线飙升，公司销售额顺势翻了 20 倍。

不是所有的营销都需要虚张声势和哗众取宠，能抓住热度的营销反而应该是坦诚的、能引起人们共鸣的。"红卫事件"中有几条有价值的思路能够帮我们借助社会热点对产品进行宣传，具体如下。

① 找到热点和产品的共通点

借助网络热门事件进行营销的前提是能将大众关注的热点和自身的产品或服务结合起来，找到二者的共通点。比如，当某个体育赛事成为热点时，若公司是一家经营运动装备的公司，就可以从运动员的装备需求、赛事对运动精神的弘扬与公司产品所体现的品质之间的联系等方面入手进行营销。找热点一定要懂得"取舍"，不要什么热点都去蹭，这样蹭到的流量没有针对性，吸引到的目标客户少，转化率比较低。只有热点和产品有较大的相关性，并在营销时将这种相关性放大，巧妙地宣传产品，我们才能吸引到真正对产品感兴趣的受众，促成产品的销售。

② 利用反差感制造话题

消费者长期处于信息洪流中，对常规营销套路逐渐"免疫"，小公司若想突围，不妨采取行为反差策略。以红卫董事长吃肥皂为例，肥皂作为清洁日用品，正常用途是洗衣物、洗手等，吃肥皂的举动完全背离大众既定认知，具有极大的话题性。因此，小公司可以挖掘产品自身具有的反差特性，大胆展示"非常规操作"。

③ 乘胜追击，给热度续航

热点的"保鲜期"通常较为短暂，公司必须时刻紧盯时事，练就敏锐的"热点嗅觉"。比如，当影视剧中的职场霸凌情节在互联网上掀起热议时，做职场技能培训的小公司就要第一时间洞察热点与自身业务的关联，迅速推出"应对职场霸凌"的专题课程，在发布宣传文案时记得搭配相关热点的话题标签，在热度初起，大众关注度飙升时就切入，占领先机，让品牌搭上热度"首班车"。

抓住热点只是第一步，后续的跟进决定热度能否转化为长效影响力。当热度攀升后，要及时更新一系列与热度相关的文章、视频等，让被吸引来的用户可以顺势查看其他相关材料。还可以通过后续跟进，将大众目光引向品牌旗下更多的优质产品，深挖热点潜力，延长产品在热点浪潮中的曝光时长，稳固品牌在消费者心中的印象，将临时流量转化为忠实客户群体。

④ 从独特角度解剖热点

小公司在结合热点事件进行营销时，不能急于求成。要深入挖掘热点背后隐藏的问题，从不同角度分析热点，并结合自身产品表达独特观点。

热点背后往往隐藏着多元群体的诉求。考虑到小公司资源有限，瞄准小众群体、聚焦细分领域的需求，精准发力进行营销才能事半功倍。举个例子，在近些年的健身热潮中，多数品牌聚焦减肥塑形、增肌训练等主流话题展开宣传，而某小型运动护具厂商另辟蹊径，从健身新手常遭遇的"运动初期关节轻微不适却不知如何防护"这一细微痛点切入，结合热点发布了"健身小白关节守护指南，选对护具很重要"的科普图文，在小众但精准的需求赛道上凸显了产品的专业性与针对性，吸引了目标受众的关注。

小公司要想借助热点话题进行营销，做到以上四点，方能在波谲云诡的市场浪潮中以小博大，闯出一片属于自己的蓝海。

第三章
产品模式：用质量赢得市场

质量为王：

只有营销没有质量，注定失败

我们常常看到一些公司在营销上投入大量的人力、物力和财力，广告打得震天响，促销活动一波接着一波，然而，最终却在市场上销声匿迹。这是为什么呢？原因就在于他们忽视了一个至关重要的因素——产品的质量。没有产品的质量为依托，营销就如同无根之萍。

小公司要想在市场中脱颖而出并实现长久盈利，就必须深刻认识到产品质量与营销的紧密关系。产品质量是公司获得成功的根基，营销为公司插上成功的翅膀，只有将两者完美结合，公司才能展翅高飞，在激烈的市场竞争中立于不败之地。

海尔集团是中国知名的家电公司，它的成功不仅由于其有强大的营销能力，更是由于其对品质的执着追求。

海尔的创始人张瑞敏有一次在工厂巡视时，发现一批冰箱存在质量问题。尽管这些冰箱的质量问题并不是特别严重，但张瑞敏认为，涉及质量问题，即使是一点点的瑕疵，也不能听之任之。于是，他当即召集工人们，把那批有问题的冰箱一字排开，然后拿起一把大锤，亲自带领工人们砸掉了这些冰箱。

"张总，这些冰箱其实还能用，砸了太可惜了。"一个工人忍不住说道。当时，一个普通工人的月薪才几十元，一台冰箱的售价高达八百元，却被一锤砸毁了，大家都忍不住心疼。

但是张瑞敏却说，坚决不能让有瑕疵的产品流入市场，毁掉公司辛苦建立的品牌名誉。他将产品质量视为公司的生命线，在这件事上没有丝毫妥协。

虽然冰箱被砸毁了，但是这个故事永远留在了海尔内部，成为公司文化的一部分。正是这种对品质的执着，让海尔在全球市场赢得了无数消费者的信赖。

海尔集团正是凭借将产品质量放在首位的坚定信念，才能积累良好的口碑，成为知名的电器品牌之一。现如今，人们对产品品质的要求更高、更细了，不仅要求产品质量好，还要求质量稳定，更要求提供高质量的服务。满足人们对产品品质的要求，可以从以下几个方面入手。

① 挖掘自身优势，瞄准细分市场

小公司要想脱颖而出，必须找到自己的独特优势，并将其转化为市场竞争力。这就需要公司一方面深度挖掘自身的资源和能力，另一方面瞄准一个具有潜力的细分市场。首先，公司可以通过问卷调查、消费者访谈、数据分析等多种方式，了解市场需求和竞争格局，找出市场上尚未被充分满足的需求。然后，进行资源评估，分析公司自身的资源和能力，包括技术、人才、供应链、品牌影响力等，找出公司在某些方面的独特优势。接着，根据市场调研和资源评估的结果，确定公司的细分市场和品牌定位。最后，制定差异化营销策略，通过独特的品牌故事和价值主张吸引目标消费者。

② 保证稳定的供应链，把控原材料质量

原材料的质量直接决定了产品的品质。因此，搭建稳定的供应链体系是提升产品品质的关键。首先，我们要与信誉良好、质量稳定的供应商合作。公司一方面可以通过实地考察、样品检测、第三方认证等方式，评估供应商的资质和产品质量；另一方面可以通过签订长期合同、共同开发新材料等方式，确保原材料的稳定供应。公司要建立严格的原材料质量控制体系，包括入库检验、批次追溯、质量抽检等环节，确保每一批原材料都符合质量标准。同时，制定供应链风险管理策略，确保在供应链出现问题时，能够迅速找到替代供应商，保障生产的连续性。

③ 建立标准化生产流程

标准化的生产流程是保证产品质量稳定的关键。公司需要根据产品的生产工艺，确定详细的生产流程，包括原材料处理、生产加工、质量检验、包装等各个环节。还要制定详细的生产标准和操作规程，明确每个环节的操作步骤、质量标准、检测方法等，确保每一个环节都符合质量要求。除此之外，公司还要对一线员

工进行系统的培训，确保他们熟悉生产流程和操作规程，具备必要的操作技能和质量意识。建立质量监控体系也十分重要，公司需对生产过程中的各个环节进行实时监控和检测，通过数据分析和质量反馈，及时发现和解决生产中的问题。通过定期的生产评估和质量分析，不断优化和改进生产流程。

④　打磨细节和包装，提升产品质感

产品的细节和包装不仅是产品品质的体现，也会影响消费者对产品价值的感知。小公司可以通过精心设计和打磨产品的细节和包装，提升产品的质感，增强消费者的购买欲望。一方面，产品的每一个细节，从外观设计、功能设计到使用体验，都要做到精益求精。比如，一款高端手表不仅要有精美的外观，还要有实用的功能和舒适的佩戴体验。另一方面，精美、实用的包装，不仅能提升产品的质感，还能树立品牌形象，可以通过选择环保材料、采用独特的设计、应用精致的工艺等措施，提升包装的吸引力。

消费者对产品品质的感知可能来自多个方面，所以公司不能只强调产品生产的某个环节或产品的某一方面，一定要做到全方位、多角度的提升，有追求极致的态度，才能打造出高品质产品和服务。

找准定位：

产品要有自己的价值锚

做产品绝不能盲目跟风、随意拼凑功能，一定要依据用户痛点精准定位市场，找到自己的价值锚。价值锚指的是产品在用户心中独特且不可替代的价值所在，是公司立足市场的根本支撑。产品没有定位和价值锚，营销做得再花哨，也只是空中楼阁，禁不起市场考验，不能得到消费者的长久信任，自然无法获得持续的盈利。

20 世纪 50 年代以后，电器市场蓬勃发展，但插座市场却乱象丛生。由于制作技术相对简单，研发和生产成本低，许多电器厂都涌入插座市场，导致市面上的插座质量参差不齐。有的插座插几个电器就容易冒火星或者短路，不仅寿命短，还非常危险，很容易引起火灾。

公牛创始人阮立平从这一现象中敏锐捕捉到了用户痛点，那就是插座的安全隐患。他决心让公牛成为"安全插座"的代名词，这就锚定了公司的产品定位。公牛插座的研发团队由一群"苛刻"的"安全卫士"组成，他们深挖每个细节，采用导电性好且耐磨、防腐蚀的锡磷青铜材料，还对插座的内部结构进行了优化，设计了多重防护门，有效防止用户误触引起的危险。

当别的插座品牌还在拼价格时，公牛带着"安全"这一标签强势登场，立刻赢得了消费者的喜爱。五金店、家装市场的消费者都指名要公牛插座，哪怕价格稍高，也愿意买单。就这样，凭借"安全"这一价值锚，公牛稳坐插座界头把交椅。

公牛的成功证明了价值锚对公司发展的重要影响，让我们深知找准用户痛点、锚定产品价值是小公司破局的关键一招。接下来的三个实操建议，可以帮助公司打磨专属的价值锚，开启盈利"加速跑"。

① 多渠道展开调研，寻找用户痛点

用户痛点是指用户在使用产品或服务的过程中遇到的难题或不满。找到这些痛点，并有针对性地解决，是小公司打造价值锚的第一步。寻找用户痛点，需要多渠道展开用户调研。

线上的社交媒体平台是座"富矿"，比如：小红书上常有护肤爱好者分享护肤品使用心得，罗列部分护肤品的优点和缺点，这便是生产护肤品的小公司挖掘痛点的线索；抖音有关家居好物分享的热门视频下，有高赞评论提到收纳箱有难开合、占空间的缺点，这便能为生产收纳产品的公司提供灵感；行业论坛、问答网站能汇聚专业讨论，适合一些技术类公司调研用户痛点；而在游戏论坛，也常有玩家讨论各款游戏的优点和缺点，独立游戏开

发小团队可从中把握玩家的喜好。

线下可以在产品的主要销售场所蹲点观察。比如，商场的产品专柜常通过问卷来调研用户的使用感受。除此之外，参加展销会、行业聚会，并与潜在用户闲聊，也是挖掘用户痛点，找到产品升级思路的有效方式。

② 结合公司优势，解决痛点

找到用户痛点后，公司需要结合自身优势，提供能够真正解决这些痛点的产品或服务。首先，评估公司的核心竞争力和资源优势，比如研发能力突出、生产工艺先进、供应链管理能力较强等，找出公司在解决用户痛点方面的独特优势。然后，将用户痛点和公司的优势相结合，进行产品的创新开发和升级。比如，某服装厂在织造特殊的透气面料方面有丰富的经验，而冲锋衣面料闷一直是让户外旅行爱好者头疼的问题，针对这一用户痛点，该服装厂可以考虑结合自身优势开发冲锋衣产品，推出干爽、舒适的冲锋衣。

在产品开发过程中，公司可以邀请目标用户进行测试，收集他们的反馈和建议。通过反复测试和改进，确保产品能够真正解决用户痛点，满足用户需求。然后，通过精准的市场推广，让更多用户了解产品的优势和价值。

③ 注重用户体验，夯实价值锚

用户体验感关系到用户对产品和服务的整体满意度。提升用户体验感，是夯实公司价值锚的重要途径。

要做到全流程优化，关注从产品设计、生产、销售到售后服务等每一个环节的用户体验。比如：品牌官网、线上店铺的界面设计要简洁直观，可以用短视频、3D 建模等方式全方位展示细节；客服响应速度要快，可以通过智能回复搭配人工客服的方式，及时解答顾客的各种疑问。

做好售后服务是提升用户体验的加分项。比如：电子产品提供上门维修、远程诊断服务，食用类产品提供贴心的食用建议、退换无忧服务，等等。用全程的优质体验深植价值锚，才能让产品在用户心中"长盛不衰"。

以上三个建议可以帮助公司打造产品的价值锚，让产品能在市场中找到自己的一席之地，帮助公司实现持续盈利。

少 即 是 多:
用减法思维做产品

小公司在市场的浪潮中犹如一叶扁舟,稍有不慎便有可能被淹没。面对激烈的竞争,我们需要找到一条适合自己的发展之路。用减法思维做产品便是一种明智的选择。

从公司发展的层面讲,做减法并非简单地减少产品的功能,而是一种战略选择,它不仅能够降低成本,增强产品的竞争力,还可以让公司更加专注于自身的核心业务,有助于公司全力解决用户的核心痛点。例如,微信主攻即时通讯、熟人沟通功能,支付宝的核心功能是购物付款,小红书专注于好物"种草"。

从产品开发的层面讲,做减法有助于进行业务需求管理,对于确保产品有条不紊地落地至关重要。每个阶段聚焦一个核心问题,能够有效避免随意添加功能的情况,降低产品因缺乏计划性而结构混乱与功能臃肿的风险。这种方法尤其适用于小公司,能够让它们在产品发展进程中保持清晰的方向,稳步推进产品的优化和升级。

从用户体验的层面讲,明确产品的核心功能,即最为关键、最不可替代的功能,并专注于这些功能的开发和优化,可以减少用户的使用困惑，让用户更轻松地理解和使用产品，进而给用户留下更加清晰的产品和品牌印象，这样也有助于提高产品在市场中的竞争力。

综上所述，在产品模式上做减法，是一种非常巧妙的"少即是多"的策略，特别是对于资源、人手和精力都相对有限的小公司来说，减法思维能够充分发挥其优势，助力公司在激烈的市场竞争中脱颖而出。

九毛九作为知名餐饮品牌，旗下拥有多个子品牌。然而在激烈的市场竞争中，并非每个品牌都能持续盈利。面对市场的变化和业绩的起伏波动，九毛九果断采取做减法的策略，集中资源打造核心品牌。

以"那未大叔是大厨"为例，这个定位为轻奢粤菜的品牌，自 2022 年以来营收连续两年下滑，是九毛九集团旗下唯一业绩下降的子品牌。面对这种情况，九毛九集团果断做出决策，在 2024 年停止运营"那未大叔是大厨"，将资源集中于表现更为出色的"太二酸菜鱼"和"怂火锅厂"这两个子品牌。这一决策并非仓促之举，而是经过深思熟虑的战略调整。九毛九集团深知，在激烈的餐饮市场中，只有集中资源打造具有核心竞争力的品牌，才能立于不败之地。

"太二酸菜鱼"在市场上的成功很大程度上得益于九毛九集团的做减法策略。"太二酸菜鱼"专注于老坛酸菜鱼这一核心产品，采用了精简菜单的方式，在鱼的种类、大小、辣度上，不给顾客提供过多选择。这种有限的菜品和组合更有利于实现标准化生产，既能使中央厨房高效地提供半成品，也有利于降低供应链的管理和调控难度，提高效率。同时，也保证了餐品的口味稳定，从而让"太二酸菜鱼"的菜品风格更鲜明、更有记忆点。

通过"太二酸菜鱼"的成功案例，我们可以看到做减法可以让产品和品牌的特点更鲜明，提高公司的竞争力。那么，如何通过在产品上做减法，打造拳头产品并实现持续盈利呢？

① 精简产品功能

公司应该深入了解目标客户的需求，敢于舍弃那些客户不常用或者不需要的功能，强化常用功能，为客户提供有针对性的服务。在精简产品功能的过程中，公司要明确产品的核心价值，围绕核心价值进行功能设计，确保每一个功能都能为客户带来实际的价值。简单来说，就是"业务做加法，功能做减法，定位做乘法"。公司要像打造精品一样，集中精力打造具有核心竞争力的产品，而不是盲目追求功能的多样性。

② 优化产品设计

简洁大方的设计往往更有助于吸引客户的目光，同时也能降低生产成本。公司在设计产品时，应在注重细节的同时，去除那些不必要的装饰和复杂的结构，使产品更加简洁、更便于使用。例如，苹果公司的产品设计理念是简洁、美观、实用。一些极简主义服装品牌会减少服装上的装饰和图案，突出剪裁和面料质量，强调环保和可持续性，以此作为自己的品牌特色。公司可以从这些案例中汲取灵感，优化产品设计，选择性地突出一些元素或特色，在成本不变的情况下，提高产品的质感，放大品牌的特点。

③ 聚焦核心产品

在市场竞争日益激烈的当下，公司不应盲目追求产品线的丰富多样，而应集中精力打造有市场潜力的产品。这样不仅可以缓解库存压力，提高资金周转率，还能让自身更加专注于核心产品的研发和推广，从而更容易打造出具有品牌特色的拳头产品。与此同时，公司要敢于砍掉长期亏损的产品线，果断放弃那些无法盈利或难以持续盈利的业务。比如，某服装公司原来有男装、女装、童装等多条产品线，经过市场调研与分析后，公司管理层发现童装产品线长期处于亏损状态，因此果断决定砍掉童装产品线，专注于发展男装和女装业务。这一举措虽然在短期内造成了部分市场的流失和业务的缩水，但从长远来看，优化了公司的资产结构，使更多资源得以被投入盈利项目中，为公司的稳健发展奠定了坚实基础。

总之，小公司在产品上做减法，要敢于舍弃那些不必要的功能和产品，聚焦核心业务，优化产品设计，打造出具有品牌特点的拳头产品，才能实现持续盈利。

第四章

品牌模式：建立市场基本盘

引爆IP：
强化品牌概念，打造粉丝经济

在当今的消费市场中，消费者对品牌的认知发生了深刻变化。品牌不再仅仅是一个简单的标志，更是能够引发消费者共鸣的文化符号，消费者越来越注重品牌所传递的价值理念以及与品牌之间的情感连接。在这样的背景下，小公司若能突出自己的品牌理念，充分利用粉丝经济，便有机会在激烈的市场竞争中脱颖而出。

对一个品牌来说，最高层次的追求是为消费者提供情感价值。在品牌竞争愈发激烈的当下，单纯依靠价格优势和产品特性来积累品牌的竞争优势效果有限。情感因素在消费交换价值中所占的比重不断攀升，精准洞察并满足消费者的情感需求，为消费者打造独一无二的品牌情感体验，正变得越来越重要。

近年来，艺术生活类品牌野兽派异军突起，其成功的关键在于巧妙运用情感营销策略进行社会化营销，创新性地推出"故事订花"模式，借此圈粉无数，成功赋予品牌独特的故事。在这一模式下，顾客向品牌讲述自己的情感故事，品牌再据此搭配花束和礼盒，并为每一份订单附上一百四十字左右的"花的故事"，发布在官方微博上。这些饱含情感、富有温度的故事如同一根根纽带，将品牌与消费者紧密地联系在一起。这些故事引发了粉丝们的强烈共鸣，使得他们自愿转发、传播，最后让野兽派的名声不胫而走。

在初具名声之后，野兽派采取了一系列针对性营销活动强化和推广品牌IP。它一方面积极与明星合作进行推广，是最早在明星婚礼中崭露头角的鲜花品牌。不少明星的婚礼花艺都由野兽派打造，这让野兽派成功塑造了高端的品牌形象。另一方面，与各类知名品牌、经典IP进行跨界联名合作，如与"小王子""猫和老鼠""宝可梦"等联名。在联名过程中，野兽派并非简单地堆砌双方元素，而是深入挖掘合作IP的文化内涵，将其与自身品牌理念相融合，设计出独具特色的联名产品。这些联名产品不仅吸引了双方粉丝的目光，更创造了新的话题与热点，实现了粉丝群体的拓展与粉丝经济的增长。

要想打造品牌IP，不仅要增加品牌曝光度，还要强调品牌的调性。野兽派的每家实体店都独具特色，不仅主题各异，空间设计也别出心裁。店内不仅陈列着野兽派自营的家居产品，还有与诸多国外优秀设计师品牌合作的系列产品。这种个性化的门店风格为消费者带来了与众不同的购物体验，让消费者在购物的同时，仿佛置身于一个充满艺术与生活气息的独特展厅，进一步提高了消费者对品牌的认同感与忠诚度。

野兽派的成功给小公司的经营带来了启发，证明了强调品牌概念和利用粉丝经济的诸多好处。当产品拥有了强大的品牌背书，消费者便会愿意为其支付更高的价格，公司的利润空间也会得到提升。而且，品牌一旦与消费者建立情感连接，粉丝便会主动持续消费，不需要二次激活，可以减少公司推广引流的成本。尤其是在产品同质化严重的今天，独特的品牌形象和价值观更能吸引消费者的目光，让公司获得竞争优势。那么，想要做到引爆品牌IP，我们需要在实战中关注到哪些方面呢？

① 定位要独树一帜

公司打造品牌IP，精准定位至关重要。我们要深入了解目标消费者的需求、喜好和价值观，找准他们的痛点和期望，以此为基础确定品牌的独特定位。

在展现品牌独特性时，要以内容质量为核心。通过精心设计的品牌故事、引人入胜的广告文案和富有创意的视觉形象来展现品牌的独特魅力。同时，品牌调性和IP形象的一致性也不可忽视。比如，一个以活力、创新为核心价值的品牌，可以设计一个充满朝气、勇于尝试新事物的IP形象，让消费者一看到这个形象就能联想到品牌的特点。此外，符合消费者审美需求是成功打造品牌IP的关键。因此，要关注当下的流行趋势和消费者的审美变化，及时调整和优化IP形象，确保其始终具有吸引力。

② 营销要迅如闪电

在竞争激烈的市场环境中，小公司要想脱颖而出，必须迅速行动，抓住每一个推广品牌 IP 的机会。线上是重要的营销阵地，公司可以充分利用抖音、快手等热门平台，制作有趣、有价值的短视频内容，展示品牌故事、产品特点和用户体验。还可以通过与网红合作、举办线上活动等方式，吸引更多的用户关注和参与。同时，利用社交媒体平台回复用户的评论和私信，积极互动，耐心解答疑问，塑造良好的品牌形象。

线下营销也不能忽视，可以通过举办快闪活动、参加展会、开展地推活动等方式，让品牌 IP 直接触达消费者。快闪活动具有新颖、时尚的特点，能够吸引路人的注意力，引发话题讨论，实现快速传播。参加展会有助于展示公司的实力和产品优势，与潜在客户建立联系。开展地推活动则可以直接与消费者面对面沟通，有助于深入了解消费者的需求，为其提供个性化的服务。

线上线下相结合，有助于形成全方位的营销攻势，有助于品牌 IP 迅速走进消费者的视野，提高品牌的知名度和影响力。

③ 建立情感连接

要想让品牌的 IP 形象深入人心，就必须建立与消费者的情感连接。要确保 IP 形象符合消费者的审美需求和情感需求。为了增强消费者对产品和品牌的认同感，可以为 IP 形象持续打造有戏剧性和冲突性的故事，故事可以围绕 IP 形象的成长轨迹、冒险经历或情感起伏展开，让消费者在故事中找到自己的影子，从而产生情感共鸣。以一个传递勇敢、坚强主题的 IP 形象为例，可以通过讲述它在面对困难和挑战时不屈不挠的故事，激励消费者勇敢面对生活中的困难。同时，故事的讲述方式也至关重要，要具有感染力和吸引力，可以通过漫画、动画、小说等多种形式呈现，让消费者更容易接受和记住故事内容。

④ 广泛衍生周边

一旦品牌 IP 形象创建成功，公司就可以通过广泛衍生周边产品来进一步扩大品牌影响力，增强粉丝与产品之间的黏性。一方面可以开发笔记本、书签、手账等产品，这些产品不仅具有实用性，还能传播品牌文化；另一方面也可以推出印有品牌 IP 形象的杯子、雨伞、背包等日常用品，让品牌融入消费者的日常生活。

在选择售卖或赠送周边产品的场所时，要优先考虑人流量大的相关场所或品牌活动现场。例如，可以在商场、书店、咖啡馆等地方设置专柜或展示区，展示和销售周边产品。在品牌的活动现场，如新品发布会、粉丝见面会等，也可以把周边产品作为礼物赠送给粉丝，提高粉丝的参与度和忠诚度。小公司可以通过广泛开发周边产品，为粉丝提供更多与品牌互动的机会，增强粉丝与品牌之间的黏性，从而实现品牌的持续曝光。

通过以上四步，我们至少可以抓住一个公司 IP 孵化的核心思路，并有针对性地制订具体的行动计划。孵化品牌是一个需要耐心的工作，但只要能有效扩大品牌影响力，就能给公司带来更长远的盈利反馈。

粉丝标签：

发放粉丝福利，回馈用户支持

　　品牌的发展壮大离不开粉丝群体的支持，粉丝不仅是品牌的消费者，更是品牌的传播者和支持者，忠诚的粉丝群体可以为公司带来持续的盈利，帮助公司树立良好的口碑。然而，品牌要想在竞争激烈的粉丝经济领域脱颖而出，仅仅依靠高质量的产品和服务是不够的，还需要懂得为粉丝提供福利回馈，真正将熟客转化为粉丝。

　　当粉丝对品牌产生认同感和归属感时，他们不仅会更倾向于购买公司的产品和服务，而且会积极向身边的人推荐；反之，如果品牌不重视对粉丝的维护，粉丝的忠诚度就会下降，甚至可能会转向竞争对手。因此，做好粉丝维护工作对公司的长远发展至关重要。

　　在当下的市场环境中，即使是传统品牌，也越发重视回馈粉丝的理念，以巩固自身的市场地位。爱玛电动车作为业内知名品牌，在粉丝福利发放方面可谓独具匠心，通过一系列精心策划的活动和福利回馈，成功地将粉丝转化为品牌的忠实拥护者。

爱玛会在不同的时间节点为粉丝送上各种福利。开年之际，爱玛推出雨衣免费送、9.9元换购头盔、999元换购电动车等优惠活动；在"718直购节"中，爱玛以"不用算，都划算"为主题，联合全国超过3万家门店，推出购车抽万元旅行基金红包福利和全国"种草官"征集活动；国庆期间，爱玛又举办"万店迎国庆，进店抽金条"活动，引发抢购风潮。爱玛的这些粉丝福利发放活动，让粉丝得到了实实在在的优惠，进一步巩固了品牌与粉丝之间的关系。将"爱玛会员，比你更爱你"的slogan（标语）深深植入用户心中。

爱玛电动车的例子告诉我们，粉丝群体是需要用心维护的宝贵资源，品牌只有了解粉丝的喜好和需求，并针对不同的时间节点和活动主题，制订出丰富多样的福利计划，才能切实发挥粉丝福利的重要作用，收获积极效果。那么，小公司应该如何做好粉丝福利工作，才能既让粉丝满意又保证自身盈利呢？

① 了解粉丝喜好

正如只有了解食客的口味，才能做出令人满意的菜品。公司若想成功实施粉丝福利计划，首要任务便是确定粉丝的喜好，具体可以通过观察粉丝在社交媒体平台上的评论、私信或者直播互动等方式，了解粉丝的喜好。比如，某茶饮品牌在推出粉丝福利计划前，便积极在社交媒体上收集粉丝喜好，调查结果是大多数粉丝希望福利是优惠券或者时尚的小礼品，如潮流手机

壳、个性贴纸等。所以，该茶饮品牌在周年庆时将优惠券和与
IP联名的贴纸、手机壳、购物袋等作为福利，在粉丝群与直播
间发放，引起了粉丝的讨论与转发，这就是针对粉丝喜好进行的
福利设计。

② 定期发放福利

确定了粉丝喜欢的福利类型后，公司需要制订福利定期发放
计划。定期发放福利如同给粉丝定期送上一份惊喜，能增加粉丝
的黏性，提升粉丝的忠诚度。公司可以每个月定期给粉丝发放一
些小礼品或者优惠券，以激励粉丝与品牌互动。当然，福利发放
应建立在公司的经济状况良好、预算充足的基础上。公司如果无
法承担高昂的粉丝福利成本，可以考虑通过其他方式回馈粉丝，
如发布免费的专业课程、提供咨询服务等。我们可以根据公司经
营业务的不同，有针对性地设计福利内容。

③ 福利形式多样化

除了定期发放常规福利之外，公司还可以尝试一些新颖有趣
的福利类型，优化粉丝体验。这不仅有助于吸引更多的新粉丝，
还可以提高现有粉丝的品牌忠诚度。公司可以尝试在社交平台上
发起抽奖活动，设置丰厚的奖品，如电子产品、高端护肤品等，
吸引粉丝积极参与；还可以在直播中邀请粉丝进行问答互动并提
供奖励，比如回答正确的粉丝可以获得限量版商品或者专属折扣。

④ 粉丝福利 + 社交裂变

对于新零售、电商等行业的小公司来说，客户裂变是快速且大量地积累粉丝的有效途径。公司可以通过举办品牌活动、推出福利优惠等方式，引导客户进行转发拉新。以零售业为例，可以从店铺商品中挑选一款热门商品，开展免费试用活动。粉丝只需转发店铺链接或邀请朋友关注店铺，就有机会获得免费试用资格。同时，根据粉丝邀请的人数，给予不同面额的优惠券奖励，邀请人数越多，优惠券面额越大，从而激励粉丝积极参与社交裂变。这种将粉丝福利和社交裂变相结合的方式，既让粉丝得到了实惠，也为品牌推广提供了助力。

通过以上四种方法，我们可以多角度设计品牌的粉丝福利，让福利精准触达粉丝，并给品牌带来正面回馈，成功实现双赢。

立 规 养 习：

强调仪式感，培养粉丝习惯

粉丝经济作为一种新兴的商业模式，正逐渐成为小公司实现崛起的重要途径。那么，什么是仪式感？仪式感又在粉丝经济中扮演着怎样的角色呢？

仪式感，简单来说，就是在特定的时间、地点，通过特定的行为和方式，赋予某一事件特殊的意义。它通常具有以下几个特征。

（1）重复性。仪式感往往是重复进行的，比如每天早上喝一杯咖啡，每周进行一次健身运动，等等，这种重复性能够让人们形成习惯，进而产生依赖。

（2）独特性。仪式感需要通过有别于日常的行为来彰显，这些行为具有独特的形式和内容。例如，某品牌推出限量版产品时，其别出心裁的发布方式很容易吸引粉丝的关注。

（3）情感连接。仪式感能引发人们的情感共鸣，让人们在参与的过程中感受到归属感和认同感。比如，一些品牌常举办粉丝见面会，让粉丝们有机会与品牌进行近距离的接触，增强了粉丝与品牌的情感连接。

仪式感不仅能提高粉丝的忠诚度，还能提高粉丝的参与度，进而能促进品牌的传播。除此之外，仪式感还能培养消费者的使用习惯，比如，益达的"要两粒在一起才最好"和奥利奥的"扭一扭，舔一舔，泡一泡"等简单的仪式化动作，能让消费者在使用产品时进入特定的环境，形成独特的记忆点。当品牌在广告中不断灌输这种仪式感，消费者便会不自觉地效仿，久而久之就会养成消费习惯。所以，仪式感对于粉丝经济起着至关重要的作用。

在竞争激烈的茶饮市场中，喜茶凭借独特的仪式感服务成功吸引了众多粉丝，借助粉丝经济收获了丰厚的经济回报。比如，立秋时节到来时，喜茶巧妙地在宣传中强化"秋天喝喜茶"的理念，还推出了一系列活动。其中，给到店下单编号为8001号的顾客颁发"超大大大喜人荣誉证书"这一举措，引发了热烈反响。许多顾客连夜去喜茶24小时门店，在零点下单，就是为了有机会领到证书，让"喝秋天的第一杯喜茶"充满浓厚的氛围感和仪式感。通过这种趣味十足的互动，喜茶成功将立秋这一特殊时间点与品牌联系在一起，形成独特的记忆点。这不仅在潜移默化间培养了消费者的消费习惯，也让顾客在参与活动的过程中感受到了品牌的用心和关怀，进一步增加了其对品牌文化的认同感。

这种具有仪式感的活动给喜茶带来了非常丰厚的利润回报。立秋当天，大量门店的销量增长幅度超过600%。

喜茶的成功充分展示了仪式感对于粉丝经济的重要性。公司也可以借鉴喜茶的经验，在产品和服务中强调仪式感，培养粉丝的使用习惯。

1 产品的仪式感

公司可以从多个方面增强产品的仪式感。一方面，可以向喜茶学习，在产品设计中融入仪式感。通过设计独特的包装，比如采用环保材料或者在包装上添加个性化的元素，如消费者的名字、祝福语等，让消费者在打开产品的那一刻感受到品牌的用心和关怀。另一方面，可以通过个性的产品说明书或产品使用手册输出品牌的文化内涵。比如，某手工品牌为了强调产品的工艺水平和设计理念，就附赠了手绘风格的说明书，该说明书用网络化的语言和生动的情感表达，将死板的产品使用说明转变为社交工具，让用户感受到了品牌的独特风格，同时也增强了产品开箱的仪式感。

除此之外，公司还可以通过玩小游戏、抽盲盒等方式与用户互动，增加产品的趣味性。比如，某文创品牌推出了一款笔记本，该笔记本每一页都有一个日签，内容包括星座运势、情感语录等，让消费者在使用过程中充满期待，增强了品牌记忆，提高了对该品牌的好感度。

2 服务的仪式感

在服务方面，公司可以通过提供个性化的服务来强调仪式感。比如，在生日、纪念日等特殊日子为消费者送上祝福和小礼物，让消费者感受到品牌的关怀。

除此之外，公司还可以在服务的过程中重视细节，让消费者感受到品牌的专业和用心。比如，某家装品牌的店铺装修可以采用温馨舒适的风格，为消费者提供一个舒适的购物环境。在服务人员的培训上，可以注重服务态度和专业知识的培养，让消费者在购物的过程中体验到优质的服务。

③ 营销的仪式感

小公司可以举办各种富有仪式感的营销活动。比如，举办新品发布会、粉丝见面会等活动，让消费者有机会与品牌近距离接触。在策划这类活动时，可以注重活动主题和形式的创新，让消费者在参与活动的过程中感受到品牌独特的价值，增强对品牌的认同感。

此外，公司还可以在营销活动中设置一些奖励机制，如抽奖、积分兑换等，让消费者在参与活动的过程中获得实际利益。这样不仅能够吸引消费者积极参与，还能够提高消费者对品牌的忠诚度。

以某服装品牌举办的新品时装秀为例，该品牌十分注重打造会场的仪式感。在活动现场，品牌方不仅精心布置了拍照区域，方便顾客打卡留念，还设置了抽奖环节，奖品包含品牌的新款服装和配饰。活动结束后，还通过发放优惠券和礼物的方式鼓励参与者通过社交媒体分享活动的照片和视频，进一步扩大了品牌的影响力。

总之，重视在产品、服务和营销中融入仪式感，有助于公司培养粉丝的使用习惯，提高粉丝的忠诚度以及品牌的知名度和美誉度，从而实现可持续盈利。

第五章

平台模式：凭借好风上青云

电商思维：
借助平台流量运营产品

　　电商满足了小公司多元化的市场发展需求，为小公司提供了前所未有的机遇。在竞争激烈的商业环境中，公司要想脱颖而出，就一定要学会"借力打力"。有些目标仅凭自身的影响力难以达成，但如果能借助大平台的流量，运用电商思维运营产品，往往能收获意想不到的效果。

　　在传统商务模式下，小公司往往因资源有限、市场份额小而发展受限。电子商务打破了地域限制，使公司能够面向全国市场开展业务。近些年兴起的跨境电商，更是将电子商务推广到了全球，为小公司拓展出广阔的市场空间。而且，小公司入驻网络平台并宣传推广，大大降低了营销成本。电子商务平台实现了消费者与小公司的直接对接，前店后厂甚至厂内直播的模式不仅可以节省中间环节费，降低小公司的运营成本，还能让利于消费者，实现消费者与小公司的互惠双赢。

　　某食品饮料厂决定从代工厂转型为独立的食品品牌，目标客户为年轻人。负责人小陈经考量后，决定主推健康、轻负担的沙棘汁。为扩大品牌影响力，小陈选择小红书、抖音等互联网平台作为宣传的主阵地，同时运营公司号和主理人账号，保持品牌曝光度。前期，小红书平台的主理人账号发布的一篇推广笔记爆火，成功销售约一百单产品，但随后就进入了"黑洞期"，无论发布什么内容都没流量。

小陈调研流量趋势后发现，线上卖饮料受众较窄且卖点难以充分展现。如果转到零食赛道，受众会更加广泛，只要照片拍摄得足够诱人、笔记发布的频率够高，就有机会爆单。因此，小陈果断进行了产品调整，将宣传重点从沙棘汁改成了无添加的牛肉干。

尽管前期的曝光效果不理想，但小陈的团队还是坚持更新了超过三百条笔记，并严格遵循平台运营规则维护账号。终于，公司号发布的一篇笔记有了热度，两天就售出五百单牛肉干。随后又出现两篇点赞、评论数量都超过五百的笔记，不到一周又售出两千单，几乎所有的销量都是靠这三篇笔记拉动的。

小陈知道，爆单并不意味着销量能持续增长，毕竟平台遵循利润最大化原则。为了获取更多的平台流量，他带领团队一方面找买手带货、投入资金投放广告，另一方面开始直播带货。通过这一系列精准把握平台规则的运营策略，小陈的团队成功为品牌拓宽了宣传渠道，使品牌很快成为品类销量第一名。

像上述案例中的公司一样，很多传统公司也在寻求向电商转型的路径，希望借助线上平台实现更大销量。但是转型成功的前提是掌握电商平台的"流量玩法"，根据产品受众选择合适的主推平台，并用符合平台规则和风格的方式展开宣传，才有机会实现盈利。切忌用传统的营销想法套公式，而要根据具体的产品内容、风格定位和平台功能进行流量运营，才是正确的电商思维。

❶ 选择合适的流量路径

要想借助平台流量运营产品，就要懂当下主流平台的流量类型，主要有自然流量、商品流量、付费流量和直播流量四种类型。

其中，自然流量考验内容质量、用户体量和市场热度，不容易精准规划；商品流量的用户更加精准，能够提高收益和转化率；付费流量可以让商品精准触达目标客户；直播流量则是当前的机遇所在，流量越大，机会就越大。对于小公司来说，建议尽可能选择商品流量和直播流量。尤其是直播流量，不仅可以拉近与用户的距离，让用户更了解产品，促进销售，还能对直播产生的视频素材进行二次加工，实现进一步传播。

❷ 充分利用平台内部的群聊功能

截至当前，淘宝、美团、抖音、快手、小红书等主流平台都有群聊功能，这是实现站内转化的重要阵地。公司可以引导用户进群，在群内进行卖货笔记分享、商品链接推送和直播预热。让用户进入公司自己的私域流量池中，缩短了转化路径。

尤其是对于抖音、快手、小红书这类具有社区和电商双重属性的平台，品牌可以利用平台的社区氛围和闭环系统，通过内容创作、社群互动和精准推送，吸引并留住用户。同时，也可以根据自身定位和目标用户特性，建立不同主题的群聊，如福利促销群、新客立减群、老客福利群等，每个群聊针对不同的用户需求和购买阶段提供定制化的服务和内容。

❸ 针对用户群，选品有策略

运用电商思维卖货，也要做好精准选品。选品可根据高利润、低利润、大众款、细分款四个象限进行，可以选择目标用户为女性的产品或对标年轻人需求的品类，该品类有品类红利，也可选择市场已验证的产品进行差异化升级。

小公司可以采用对标跟品选品法，选择近期数据好、销量高的品类，同时要注意避开大品牌店铺、有赞助的账号、达人账号等这些自带流量的内容，以免影响对市场的判断。此外，分析品牌的受众人群、季节特征、销量波动等数据，也可以帮助公司更好地选择产品。

❹ 坚持曝光，提升运营能力

公司想借助电商流量撬动盈利，就一定要长期坚持曝光，特别是中小公司，不能因为宣传投入有限就忽视基础运营，要保持一周至少三次的正常更新。在运营时，可以根据数据分析结果优化笔记内容，总结并建立一套可以参考的标准化内容结构，这样有助于复制爆款内容，提高产品的曝光率。

5 利用电商流量，榨干优质素材

电商思维就是要把流量用到极致，一旦有曝光，就要及时复盘优质内容，分析流量好的原因，后续要模仿并持续更新创作。也可以结合产品营销的方法，对现有产品或服务进行创新，以便创作出更有吸引力的内容。

做好以上五点，我们在借助平台流量运营产品时，就能收获更好的市场反馈，助力公司通过线上转型持续盈利。

区域集中：
突出线下仓库优势

　　小公司在电商平台进行运营的过程中，也面临着诸多严峻的挑战。尽管运营和销售可以借助线上渠道开展，但是产品的生产、储存与流转仍需在线下完成，这使得仓储物流成本成为一笔不小的开支。从商品的存储管理到运输配送，每一个环节都需要资金支持，尤其在订单量不稳定的情况下，难以通过规模效应来降低单位成本。此时，采用区域集中策略或许可以有效降低成本，扩大盈利空间，提升竞争优势。

　　农产品品牌"××优选"所在地区有着丰富且极具特色的农产品资源，但在过去，由于缺乏有效的销售渠道和科学的运营模式，这些优质农产品只能在本地流通，农民们辛勤劳作的成果难以转化为可观的收入。"××优选"充分发挥地域优势，采取区域集中采购策略，对周边农户的农产品进行统一收购。通过与当地众多农户签订长期合作协议，成功整合了周边几十公里范围内的农产品供应源头。这样一来，凭借采购量的优势，公司在与农户协商采购价格时就有了更多话语权，成功降低了采购成本。相比之下，分散采购不仅成本高昂，而且难以保证农产品的品质。

在物流配送环节，该品牌也充分整合订单资源，在几个订单规模较大的集散地，和其他公司一起租用了物流仓库，将收购来的农产品提前集中存放，然后根据订单就近发货。这样不仅有效分摊了仓储成本，还确保农产品能够更快、更新鲜地送达消费者手中，减少了运输过程中的损耗，提高了顾客满意度。

通过这些举措，"××优选"在电商平台上逐渐积累起了良好的口碑，吸引了越来越多的消费者，店铺销量逐渐攀升。

区域集中策略的成功之处在于降低了产品采购和流通的成本，实现了供应链的优化。我们可以从采购和物流两个角度对区域集中策略进行优化。

① 采购方面：集中采购，降低成本

对于小公司而言，在一定区域内集中采购原材料或商品是降低成本的有效策略之一。集中采购有助于小公司借助规模效应获得更优惠的价格以及更有利的采购条款，进而削减采购成本。集中采购一定要注意以下五点，才能降低成本。

（1）核对价格。在采购前，应熟悉所需采购材料或商品的价格构成，了解供应商所生产的成品的原材料价格，这样在谈判时才能做到知己知彼，从而争取到更有利的采购价格。

（2）广泛获取信息。当下信息渠道众多，采购时要通过不同渠道收集采购信息，对比不同供应商的报价及产品质量等情况。

（3）选择匹配的供应商。对供应商的判断主要从质量、价格、服务、技术实力、应变能力等方面考虑。优质的供应商管理成本较低，可以和公司共同发展，为公司节省成本。

（4）做好采购谈判。一个好的谈判者往往能为公司争取至少5%的采购利润空间，而且批量采购的优势也极为显著，采购量越大，单位成本就越低，采购规划者务必充分认识到这一点。例如，多家小公司联合起来集中批量采购，随着采购量的增大，单位成本明显下降，各公司都能从中获益。

（5）建立采购信誉。要想优化供应链，确保供应商及时响应，采购条款按照合同执行至关重要。偶尔延迟付款或许尚可接受，但绝不能多次失信，否则后续不仅难以控制成本，甚至可能面临断货的风险。除此之外，建立月度供应商评分制度（从质量、价格、服务三方面进行评分），实施供应商配额制度，也会产生意想不到的效果。

❷ 物流方面：区域整合，优化仓储和配送

区域整合对于小公司优化物流配送、降低仓储成本有着显著作用，我们可以从以下四个角度思考如何充分发挥该作用。

（1）与集散地物流商深度合作。例如，共同租用物流仓库、集中发货，以此分摊仓储和物流费用，多方面降低成本。而且，本地物流商对当地路况、客户分布等情况更为熟悉，能够更精准地安排配送计划。

（2）优化送货范围。将相邻区域的客户进行合并，减少重

复配送，能有效提高配送效率。仓库管理同样关键，可以在销量集中的主要市场设立分仓，优化库存管理，通过预测客户订货需求和做好物流管理，减少货物滞留和缺货情况，进而提高配送效率和准确性。

（3）优化物流配送路线。借助路线规划软件优化配送路线、规划集中配送区域是提升效率和降低成本的重要手段。例如，同区域的一些小型电商共同使用这类软件规划每天的送货路线，将相邻区域的客户订单合并配送，减少了送货次数，避免了车辆重复往返，大大提高了配送效率。

（4）合理规划发货、送货时间。合理规划发货、送货时间能提高货物的配送效率和准确性，减少配送时间和成本。尤其是对经营生鲜类产品的公司来说，时效性是非常重要的因素，将配送时间集中安排在非高峰时段能确保生鲜产品更快、更好地送达客户手中，而且也能降低运输成本。

通过区域集中和整合策略，公司可以提高线下商品供应的稳定性、降低采购成本、提升物流效率，从而提高自身在价格和服务方面的竞争力，让自己的线上运营走得更远。

虚拟社区：

封闭社区让用户连接更紧密

在电商思维的影响下，公司要通过平台运营产品，必然会考虑私域流量这个概念。而维护好线上的虚拟用户社区，正是构建公司自身私域流量的关键。良好的用户社区运营可以增强用户黏性，让用户成为公司的忠实支持者，进而使公司在激烈的市场竞争中站稳脚跟，并持续获得收益。

拼多多的电商模式有着诸多独特之处，除了主打低价策略外，还创新性地采用了团购模式，也就是大家熟知的"拼团"。拼多多借助微信等社交软件建立了自己的用户社区，这些独特之处使它能异军突起，成长到现在的规模。

在拼多多平台，消费者选定商品后，需要邀请足够的人参与拼团才能成功购买，这一机制促使消费者分享购物链接、拉人参与活动。这种融合了游戏元素和社交元素的模式，不仅增加了购物的趣味性，还借助熟人之间的相互推荐提升了信任度，提高了消费者再次购物的可能性，也助力商家拉到新客户并侧面宣传产品。例如，很多微信用户为了低价购买水果等商品，会大量分享拼团链接，这是拼多多早期拓展用户的撒手锏，让其成功实现用户群的裂变式增长。

拼多多凭借出色的用户社区运营，在短时间内取得了亮眼的盈利成果。从市场份额来看，其活跃用户数量持续增长，且活跃用户的人均消费额也在增长，展现出强劲的发展态势，甚至在出海后，这一模式在国外市场也引起了很大反响。

拼多多的成功是因为其利用用户自身的交际属性构建了一个相对松散的虚拟社区，鼓励用户将拼团订单分享到自己的关系网络中，这样每个用户都成了推广该平台的一员，从而扩大整个虚拟社区的影响力。除了大平台，小公司也可以借鉴这种模式，构建虚拟社区。在虚拟社区内进行营销推广，我们需要注意以下几个方面。

① 精准确定目标受众

不同的用户群体消费习惯不同，对营销内容的接受程度也不同。所以小公司需要依据自身产品或服务的特点，明确核心用户群体是谁，在社区里推送的内容、举办的活动要契合核心用户群体的喜好和需求，而不是盲目地向所有用户进行无差别营销。

② 提供有价值的内容

用户更愿意接受那些能为他们带来有趣、有用的信息的营销活动，如果只是一味地在社区内发广告、推销产品，必然会让用户感到厌烦。比如，拼多多主要通过让利、低价来吸引消费者，而一些技术类产品则通过提供免费课程、咨询之类的福利来吸引用户关注。在给用户带来好处的同时，自然地介绍自家产品的优势，用户也就更容易接受产品推广，而不是觉得被强制推销。

③ 控制推广的频率

过于频繁地向用户发送推广信息，哪怕内容再有价值，也会让用户产生厌烦情绪。因此，公司要合理规划营销内容的推送时间和频次，比如一周推送两到三次重点产品或优惠活动的信息即可，避免让用户总被大量广告"刷屏"。

④ 时刻监测用户反馈

公司可以通过查看用户在社区里的评论、定期开展问卷调查等方式，了解用户对于营销活动的意见和建议，一旦发现有引起用户反感的情况，要迅速调整和优化营销策略，及时止损。总之，小公司只有把握好营销的"度"，以提供价值为主，软性植入营销内容，才能让用户社区健康发展，使用户与品牌的连接更加稳固。

小公司可以通过建立健康的用户社区，增强用户黏性，使用户长期关注并支持公司的发展，增强公司的竞争优势。同时，有助于提升品牌忠诚度，让用户从心底认可品牌，并自发地向身边的人推荐，形成良好的口碑传播，进而为公司带来更多潜在客户与持续的收益。

第六章

服务模式：根据特色找准盈利点

免费模式：
免费的关键在于付费转化

在互联网迅速发展的当下，传统商业模式已难以满足用户日益多样化的需求。用户期望以较低的价格甚至免费获取高质量服务，公司期望在扩大用户规模的同时实现盈利。免费模式因此应运而生，成为平衡用户需求与公司可持续发展的一大法宝。

Spotify（声田）是一家来自瑞典的全球性音乐流媒体服务提供商。截至 2019 年，其活跃用户超过 15 亿，其中 7500 万都是付费用户。之所以有如此庞大的用户基数，与 Spotify 在商业扩张过程中采用的免费模式密不可分，而极高的付费转化比例则为其可持续的发展奠定了坚实的基础。

Spotify 成立于 2006 年，其创始人在昂贵的正版音乐与廉价的盗版音乐之间，开拓出一片细分市场，并斥巨资购买了海量音乐版权，为音乐爱好者搭建起免费且曲库庞大的音乐平台。不过，"免费"仅仅是 Spotify 拓展市场的手段，在吸引到了大量用户之后，Spotify 推出了付费服务，以"高音质，无广告"为卖点，吸引用户为高品质音乐体验付费。2015 年，Spotify 又推出了算法驱动的播放列表功能，它能根据用户的收听习惯与偏好为其推荐未收听过的新歌曲，该功能推出后广获好评，使得Spotify的付费率跃升至26%。与之形成鲜明对比的是，许多同样采取了免费模式的公司平均付费转化率仅有1%。Spotify的成功向我们揭示了免费模式的关键所在：优质的后续增值服务以及高效的付费转化。

免费模式是一种商业策略，公司先通过提供免费的基础服务吸引目标用户，再通过提供一系列高质量的内容与服务，使得用户由免费向付费转化。公司可以通过免费模式，快速扩大用户规模，完成对市场的占领，并通过后续的用户付费转化实现盈利。免费模式相较于传统的扩张模式，具有以下优点。

① 低准入门槛，吸引力强

在免费模式下，用户可以零成本体验产品功能与基础服务，降低了用户的经济负担，提升了用户对于新产品、新功能的尝试意愿。在免费体验的过程中，用户会更乐意花费时间了解服务内容、熟悉产品功能，有助于培养用户对于产品与服务的使用习惯。一旦产品与服务满足了用户需求，用户便会建立起对该品牌的信任，为未来的付费转化打下基础。

② 低成本营销，打造品牌

免费模式能够迅速吸引大量用户注册并使用，有助于公司短期内接触大量潜在用户，提高自身的市场影响力。对产品满意的用户，在免费的条件下会更愿意通过社交平台分享产品及使用体验，一方面为公司树立良好的口碑，另一方面，能够有效提高品牌的知名度和用户的忠诚度。

③ 多样化收入，平衡支出

在推行免费模式的初期，用户付费转化率较低，公司可通过在免费的产品中展示广告来获取广告收入，以补贴免费服务产生的成本。在推行免费模式的后期，用户完成付费转化后，公司既能依靠付费用户实现盈利，也能通过多样化的手段进一步增加收入。

尽管免费模式具有诸多优点，但公司在使用免费模式时，也需要谨慎考虑潜在的问题，以确保模式的可持续性以及公司的长期发展。

① 平衡免费与付费体验，完成转化

免费版产品必须对用户有足够的吸引力，但不能提供过于全面的功能，否则用户将缺乏升级到付费版的动力。与此同时，付费版产品需要提供显著的增值服务，使用户感受到付费的价值。若二者难以达到平衡，免费到付费之间的转化便会受阻，进而导致公司仅能拥有大量免费用户，最终难以承受长期维持免费模式的高昂成本。

② 合理引导用户升级，避免流失

在免费版产品中插入广告时，应当注意广告的数量与出现的频率，避免对用户体验造成负面影响，从而导致用户在转化为付费用户之前流失。

③ 动态创新改进产品，保持优势

免费市场竞争激烈，公司需要根据市场变化与竞争状况，灵活调整自身的免费策略。大量用户的免费使用能为改进产品提供参考信息，完成对产品的迭代优化有助于公司保持自身在免费市场中的竞争力，提高用户付费转化的比例。

自助服务：
依靠性价比打通市场

　　近年来，自助模式正悄然席卷线下消费市场。自助超市、自助洗车、自助美甲……自助消费服务模式涌入越来越多品类的市场，并已成为市场的重要组成部分。消费者抛弃传统服务模式，选择自助模式的原因，与自助模式的高性价比密不可分。

　　"低价创造无价"，这句宜家的广告词为人们所熟悉。作为全球最大的家具公司，宜家并不像传统的家具公司一样售卖拼装好的家具，而是为其消费者提供线下自助购物服务。在宜家的线下购物中心，从选购商品到结账付费，再到提货安装，消费者可以全流程自助完成，不再需要销售人员的帮助。这种自助模式降低了宜家的人工成本，使得宜家能够通过低价在市场中获得强有力的竞争优势。

　　宜家的主要目标客户是年轻人，而年轻人恰恰是对产品价格较为敏感、注重性价比的群体。自助模式完美契合了这一群体的需求，宜家不仅提供了物美价廉的商品，还通过简化购物流程提升了消费者的购物体验。消费者在宜家购物时，可以自由地挑选，具有更强的自主权和灵活性。自助模式在宜家的成功应用，展示了这一模式在降低成本、提升效率和优化客户体验方面的巨大潜力。

自助模式是一种现代服务模式，它依托先进的技术和自动化系统，使得消费者能够自主完成购买、支付、取货、服务请求等一系列操作，全程无须人工协助。这种模式广泛应用于零售、餐饮、银行、交通等行业，满足了消费者对高效且个性化的服务的需求。

那么，快速占领市场份额的自助模式究竟具有哪些优点？

1 低人力成本

自助模式降低了公司对人力资源的需求，减少了员工工资、培训费用等运营成本，尤其在零售和餐饮等高人力成本行业。此外，减少需要人工操作的环节也能减少人为失误，有助于提升整体服务质量。

2 数字化服务

在自助模式下，消费者使用移动应用和自助终端便可以轻松查询商品信息，如商品库存与价格等。透明的价格方便消费者进行线上比价，清晰的商品库存则使得消费者的购物体验得以优化，从而凸显出自助模式下商品的高性价比特点。

3 全流程参与

自助模式赋予了消费者更大的自主权，增强了他们的全流程参与感。消费者可以在不受干扰的情况下选购商品，并按照自己的喜好挑选配件、完成组装等。这种全流程参与不仅提升了购物的趣味性和成就感，还能更好地满足消费者的个性化需求。

尽管自助模式为公司和消费者带来了许多便利，但在实施自助模式的过程中，公司也需要注意一些关键事项，以确保自助服务的顺利运行。

① 明确目标用户

在采取自助模式时，明确目标用户的特性至关重要。不同用户群体对自助服务的接受程度存在显著差异。比如，年轻群体更容易接受无人化购物模式，而年老群体往往存在动手能力偏弱、对新技术适应度较低等问题，需要更多的引导与面对面服务。如果一家公司的产品主要面向后者，采取自助模式只会产生适得其反的效果。

② 完善引导系统

在自助模式下，完善的引导系统至关重要。如果没有清晰明了的操作指示和友好的用户界面，消费者可能会在自助购买过程中感到无所适从，从而影响购物体验。为确保自助模式顺利运行，公司应提供详细的操作指南和示范，并在显眼位置设置指示标志。此外，应有少量辅助人员，为首次使用自助服务的消费者提供必要的引导。一旦出现突发状况，辅助人员还能迅速应对并解决问题。通过上述举措，公司不仅能提高用户对自助模式的接受度和满意度，还能有效减少因操作问题引发的投诉和用户流失。

③ 保障商品质量

在无人看守的情况下，存在商品被弄脏、弄坏的可能性，若消费者在自助模式下购买到次品，将大大降低消费者回购的可能性。公司需要采取有效措施保护商品的完好性，例如加强监控和巡查，确保商品在展示和存储过程中不受损坏。

会员体系：

打造"会员特殊性"，赢得人心

在现代商业环境下，打造会员体系已然成为公司提高客户忠诚度、完善自身品牌体系的重要手段。从表面看，会员体系令消费者产生了额外支出，似乎降低了公司的竞争力，可实际上，会员体系能让公司更好地建立和维护与消费者之间的关系，帮助其在激烈的市场竞争中脱颖而出。

"为什么只让会员进入？山姆致力于为会员服务，为菁英生活提供高品质商品。"一句爆火的标语，使得山姆超市走入大众视野。乍一听，会让部分消费者感到不适，称其为"变相的消费主义绑架"。然而作为沃尔玛旗下的会员制仓储俱乐部，山姆已凭借其独特的会员模式，在全球零售行业中取得了巨大的成功。

山姆超市的会员分为"普通会员"与"卓越会员"。高昂的会费提高了山姆的准入门槛，使得其流失了一部分潜在消费者。然而，山姆严格的选品机制、低价量大的批发模式、个性化精准营销的相互配合，反而使消费者认为高昂会费是通向独一无二的购物体验的"通行证"。与此同时，山姆超市通过积分和现金返还机制，利用会员数据实施精准营销，吸引会员频繁消费，提升了会员的忠诚度和续费率。最后，得到了良好体验的消费者在完成购物之后，便会通过社交平台分享其购物体验，帮助品牌进行营销推广，进一步扩大山姆的品牌影响力。山姆超市会员模式的成功，为其他公司探索会员体系提供了宝贵的启示与参考经验。

会员体系是现代商业模式中的常见体系之一，该体系通过为部分客户提供特定服务与额外福利，优化客户购买产品与使用服务的体验感，最终提升其忠诚度，以此增加公司的收入与市场竞争力。会员体系具有有别于其他商业模式的特点。

① 用户分级，定制服务

会员体系先通过收取会员费的方式区分普通消费者与会员消费者，然后在会员消费者内部设置不同的等级，并为更高级别的会员提供更优质的服务。这种量化且直观的会员等级设置能够有效激励会员增加消费、提升等级。以华住集团旗下的华住会为例，它为消费者提供酒店预订服务，消费者可通过消费提升会员等级，从而享受到免费早餐、房型预订打折等一系列专属服务，并积累可用以兑换礼品及抵扣房费的积分。同时，华住会会员等级需要在一定时间内达到特定消费金额才能维持。华住会的会员体系使得会员在出行时更倾向于选择华住集团旗下酒店，提升了华住集团的品牌知名度与客户忠诚度。

② 数据跟踪，精准营销

非会员体系下，消费者的消费数据无法得到有效记录。而在会员体系下，公司能够获取同一消费者的历史消费数据，了解其行为及偏好，并针对消费者偏好进行个性化推荐与精准营销，从而提高公司的营销效率及客户的满意度。

③ 长期互动，良性循环

相比普通体系，会员体系更注重维护回头客，以延长消费者的消费生命周期。会员体系建立了公司与消费者之间一对一的专属通道，方便消费者在完成消费后进行反馈，公司可以根据消费者反馈的情况及时改进不足之处，再提升服务水平，从而形成良性循环。

在现代商业模式中，"会员"并非一个新鲜概念。那么，在许多公司都采取会员模式的情况下，如何让自己的会员模式在众多会员模式中脱颖而出，对消费者产生独特的吸引力？

① 明确差异价值主张

会员体系的核心理念是达成差异化。公司须明确会员体系的价值主张，设立对目标消费者有足够吸引力的会员权益，并确保该权益其余消费者无法享受。同时，应当避免在会员权益的表述上出现模糊不清、误导他人等降低消费者使用热情的问题。

② 提供完善的专属配套服务

公司在设立会员门槛的同时，应当提供与其门槛相匹配的专属会员服务。这需要公司深入了解其目标消费者的需求，发掘自身核心竞争力，在与同类型公司的竞争中提供更为独特的服务，才能吸引并留住更多的会员。

③ 保护消费者的隐私

现如今，大众越来越重视保护个人隐私。在会员体系下，公司虽然能够更方便地收集消费者数据，了解其行为偏好，但也应当注意数据安全，避免出现过度收集消费者数据、泄露消费者隐私等情况，以免引起消费者的反感。

第七章

长线模式：深度打造客户群

持 续 订 阅：
注重用户留存率和内容更新频率

在小公司的发展过程中，用户留存率与内容更新频率就像两大核心支柱，支撑着公司持续盈利的大厦。高用户留存率意味着公司能够拥有稳定的客户群体，进而降低获客成本。频繁且高质量的内容更新，能让用户时刻保持新鲜感，增强用户黏性。尤其是对于想走长线模式的公司来说，这有助于打造稳定的客户群，获得一批复购率高的忠实客户，从而实现持续盈利。

"××妈妈"是母婴电商领域运营得较为成功的品牌。前期，该品牌组建了专业的编辑团队和稳定的作者团队，以公众号的形式持续输出优质内容。由于内容垂直于母婴品类，更新稳定且有深度，公众号通过长期、持续的运营吸引了四百多万用户的订阅，拥有了庞大、稳定的粉丝群，为后续进行电商带货打下了优秀的用户基础。

之后，"××妈妈"公众号开始向电商转化，旗下的"×妈优选"凭借独特的运营策略崭露头角。"×妈优选"深知用户拉新与留存的重要性，巧妙运用拼团与积分两大"利器"，快速扩展消费群体。

在拼团策略上，品牌精心挑选网红护肤品、纸尿裤等低客单价爆品，凭借高性价比吸引用户下单。在人数设计上，采用一老带一新或者一老带二新的模式，既达成了让老用户邀请新用户的目的，又降低了成团人数限制，提高了成团概率。老用户在拼团过程中不仅能以优惠的价格购买心仪商品，还能通过邀请新用户来获取积分。用户凑足积分还能在专场里享受100%抵扣，免费购买商品。这样一来，用户如果想免费购物，就需要持续拼团拉新。

凭借这一系列组合拳，"×妈优选"的销售额持续攀升，成绩斐然。2017年，该平台消费用户仅十万人，引入拼团拉新玩法后，仅两年时间就实现用户人数增长超四十倍的飞跃，平台月收入高达十二亿元，用户复购率更是超过50%。

对想实现持续盈利的公司来说，走长线模式的好处有很多。深耕某一领域的产品和服务，有助于打造稳定的客户群，产生源源不断的订单，从而使公司拥有健康的现金流保障，让公司有应对市场波动的底气。稳定的客户群需要公司用心维护，只有根据用户需求持续输出优质内容，才能获得关注和支持。

① 内容为王，占领价值高地

优质且有价值的内容是吸引用户持续关注的核心。小公司需致力于持续产出能够解决用户问题、满足用户兴趣、启发用户思考的内容，让用户在每一次的阅读、观看或互动中都能有所收获。

　　某资深营养师是某知名健康养生科普自媒体的创始人，他深知现代人对健康的重视以及在养生知识方面的匮乏，于是围绕饮食、运动、睡眠、心理调节等多个板块，创作了一系列深入浅出、实用性强的科普文章和视频。无论是上班族关注的在办公室久坐后如何拉伸，还是中老年人关心的如何通过饮食调理慢性病，都能在这个平台上找到专业且通俗易懂的解答。凭借内容的稀缺性和专业性，该自媒体很快在垂直领域站稳脚跟，发展为头部品牌。

　　结合热点话题进行内容创作，也能让公司的内容更具时效性和吸引力。当社会上出现某种流行疾病时，及时推出有关预防措施的科普内容，或是在特定节日分享节日期间的健康饮食攻略等，都能让用户感受到内容的及时性与实用性，从而提升用户留存率。同时，要始终保证内容的质量，避免粗制滥造、抄袭拼凑，专业、严谨、有趣的内容才能树立公司在用户心中的良好形象。

❷ 更新赋能，保持新鲜活力

　　小公司应制订合理的内容更新计划，明确更新的频率、时间节点以及内容主题。可以每周发布一篇深度文章，也可以每天推送一条短视频，让用户养成定期关注的习惯。坚持定期更新内容，能够维持用户的关注，避免用户因内容陈旧而流失。在更新重要内容之前，公司可以提前通过社交媒体、邮件、站内通知等渠道向用户预告，让大家提前得知是否有感兴趣的信息，引起用户期待和关注，为后续发布的内容积累人气。

优化更新时间也能提高内容的曝光率和用户的参与度。公司可以分析目标用户群体的活跃时间规律，选择在用户活跃度高的时间段进行内容更新。比如，对上班族来说，晚上七点到十点之间通常是他们上网的高峰期，公司在此时推送与上班族有关的内容，用户更容易看到和点击。

③ 通过互动增强用户黏性，提高留存率

与用户建立良好的互动关系，能让用户切实感受到公司的关注与重视，从而大大提高用户的参与感与忠诚度，有效提高用户的留存率。及时回复用户在评论区的留言和提问，是最基础也是最有效的互动方式。对于用户的疑惑，要给予耐心、详细的解答；对于用户的建议，要虚心接受并表示感谢。这不仅有助于解决用户的问题，还能让用户感到被尊重，进而增强对公司的好感。

举办线上线下活动也是增强互动的有力举措。线上可以通过开展知识问答、抽奖、打卡挑战等活动，激发用户的参与热情；线下则可以组织粉丝见面会、主题讲座、手工体验活动等，为用户提供面对面交流的机会，拉近与用户的距离。

建立用户社群，如微信群、QQ群、论坛等，更是增强用户黏性的"利器"。在社群中，用户可以相互交流、分享经验、结交志同道合的朋友，而公司则可以及时发布最新资讯、解答用户问题、引导话题讨论，营造活跃、温暖的社区氛围，让用户产生

归属感。

　　小公司要想走长线盈利模式，需要时刻保持敏锐的市场洞察力，密切关注用户需求的动态变化，持续优化内容与服务。同时，要勇于创新，敢于尝试新的营销策略、业务模式，只要持之以恒，小公司定能实现从"小而弱"到"小而美"的华丽转身，书写属于自己的商业传奇。

附加服务：

用户忠诚度及满意度是关键

相关调查显示，我国小公司的平均生命周期只有 2.5 年。这些小公司为何如此"短命"？究其根源，主要在于它们大多急于求成，只看重眼前的短期利益，缺乏长远的规划与布局。为了在市场中站稳脚跟并实现持续盈利，小公司必须摒弃短视思维，采用长线模式。

长线模式并非简单地指公司经营时间的长短，而是一种聚焦于长期稳定发展、持续创造价值的经营理念。它要求公司在关注当下盈利的同时，着眼于未来，精心打造品牌，用心培育客户群体，潜心优化产品与服务。在践行长线模式的过程中，为顾客提供附加服务是至关重要的一环，它能够显著提升客户的满意度与忠诚度，助力公司健康发展。

胖东来这家公司扎根于河南许昌，践行长线模式、提供附加服务使它从一家名不见经传的小超市发展成为零售行业的翘楚。

胖东来为顾客提供的附加服务细致入微，涵盖购物的方方面面。对于夏日前来购物的顾客，商场入口处备有免费的矿泉水和冰块，为其送去清凉；对于携带宠物的顾客，胖东来设有专门的宠物托管区域，安排专人悉心照料，让其可以安心购物。

不仅如此，胖东来各营业部门还根据顾客需求，量身定制了各类专项服务。比如，珠宝区提供免费的珠宝鉴定服务，聘请了专业的鉴定师为顾客甄别珠宝的真伪与品质；中药区提供免费煎药、磨粉服务；眼镜区不仅提供免费的视力检查服务，还会依据顾客的用眼习惯给出专业的护眼建议；电器区则承诺免费上门安装调试，让客户可以放心购买。

更难得的是，胖东来的服务并未局限于商场内部。货架上备有"缺货登记表"，顾客所需商品如果暂时缺货，只需要进行登记，胖东来就会为这些顾客单独订购，而且绝不借机抬价。在售后方面，除了常规的退换货服务、维修安装服务，面对超出商场责任范围的问题，胖东来也从不推诿。曾有一位女士在商场的母婴室不慎让孩子被食物烫伤，工作人员得知后，第一时间带孩子就医，后续还多次致电询问孩子的康复情况，这份关怀与担当令人动容。

正是凭借这些看似细微却饱含诚意的附加服务，胖东来成功赢得了顾客的心。相关数据显示，胖东来的顾客忠诚度极高，老顾客的复购率常年稳定在80%以上，且超过60%的新顾客是经老顾客的推荐而来的。

胖东来的成功证明了：优质的附加服务对于提升顾客满意度与忠诚度具有显著成效，是公司实现持续盈利的强大助推器。我们可以从胖东来的成功范例中汲取灵感，根据自身的业务特性与顾客需求，量身打造独具特色的附加服务。

1　个性化定制服务

鉴于顾客需求越来越多样化，提供个性化定制服务成为吸引顾客的关键。比如，如果公司经营的产品有社交属性，可以考虑定制产品的规格、颜色、包装或是依据顾客的特定需求定制专属服务方案，使顾客拥有独一无二的购物体验。

2　信息咨询服务

在专业性比较强的领域，公司可以为顾客免费提供与产品相关的信息咨询，如产品的使用方法、保养窍门、搭配建议等，一方面助力顾客更好地使用产品，另一方面展现公司的专业素养。

3　生活便利服务

公司可以站在顾客的角度，提供诸如免费 Wi-Fi、免费停车、休息区、儿童游乐区等，让顾客在消费过程中感受到舒适与便捷，全方位提升顾客的购物体验。

4　售后服务升级

如果公司经营的产品或服务对售后保障要求高，可以着力构建完备的售后服务体系。不仅涵盖产品的保修、维修、退换货等基础服务，还提供上门维修、定期回访等增值服务，及时且有效地解决顾客在使用产品过程中遇到的问题，让顾客无后顾之忧。

以上只是我们对常见的一些附加服务所做的总结，公司还可以根据自己经营的具体产品和客户需求，扩展服务的范畴，创新服务的内容。不管提供什么类型的附加服务，公司在制定方案时都要注意几个关键点，这样才能服务到客户的心坎上。

① 贴合顾客需求，保证服务质量

公司要深入了解目标顾客群体的特性、需求以及痛点，以此为依据设计附加服务，确保服务能够直击顾客的内心，切实解决他们的问题，让顾客真切感受到服务的价值。同时，附加服务的质量至关重要，其水准应与公司的核心产品或服务保持一致，甚至要更高。唯有以高标准严格要求自身，公司才能赢得顾客的信任与认可，从而树立良好的口碑。

② 控制成本投入，保证服务的持续性

小公司的资源相对有限，因此在规划附加服务时，必须对成本进行精细核算，力求以最小的投入换取最大的产出。这样一方面能避免过度投入导致成本失控，影响公司的整体盈利能力；另一方面，有助于公司长期稳定地提供附加服务，服务稳定也是打造公司长线口碑的重要一环。

③ 加强员工培训，提高服务意识

员工是附加服务的直接提供者，他们的服务意识与专业素养直接关系到顾客的体验。公司务必加强对员工的培训，让他们深

刻领悟提供附加服务的重要意义，帮助他们掌握服务技巧，提高服务意识与专业素养。

④ 建立反馈机制，持续优化服务

市场环境与顾客需求瞬息万变，公司应建立起有效的反馈机制，定期收集顾客的意见与建议，据此对附加服务进行持续改进与优化，确保服务与时俱进，能够满足顾客不断变化的需求。

总而言之，公司要提供附加服务，关键就在于八个字——"精细规划，扎实落地"，做到这些，公司就能用独具特色的服务开启长期盈利的新篇章。

传播裂变：

让子弹飞，强化"长尾效应"

小公司想实现稳定发展，往往要面临比中大型公司更多的困难和挑战。一方面，小公司资金有限，每一分钱都要精打细算，不能轻易把资金投入大规模的市场推广；另一方面，小公司的品牌知名度低，很难吸引消费者的目光。况且，客户资源稀缺，获客艰难，也会阻碍小公司的发展。

对于小公司来说，巧妙地利用"长尾效应"，选定适合自身发展的领域，注重传播裂变，让品牌信息在长尾领域迅速扩展，是提高自身竞争优势，扩大影响力，实现稳定盈利的关键。

"长尾效应"是一个经济学概念，影响着许多公司的经营思路。在传统商业环境中，公司通常将重心放在热门产品上，追求爆款带来的高额利润。但是，互联网的兴起改变了游戏规则。现如今，由于相对小众、销量不高的产品竞争对手较少，公司经营这类产品，只要种类够丰富，获得的利润可能与其他公司的主流产品所获的利润不相上下，甚至更胜一筹。这就好比在图书市场中，除了畅销书，还有许多冷门图书，这些冷门图书虽然单本销量较低，但种类繁多，累计盈利相当可观。"长尾效应"揭示了小公司不必在热门赛道上与大公司竞争，而是可以通过挖掘小众需求，获得广阔的盈利空间。

互联网是发挥"长尾效应"的肥沃土壤，公司在经营时必须充分利用互联网的优势，重视传播的影响力。当你看到一篇有趣的文章，忍不住分享给好友，好友又分享给他们的好友，这样一来，信息就像推倒的多米诺骨牌一样迅速扩散。这就是传播裂变的魔力，它能借助社交网络的力量，以极低的成本，让品牌信息疯狂传播，快速触达大量潜在客户。而"长尾效应"所集中的领域，往往都是相对小众的市场，更需要通过快速传播汇集客户，抢占市场先机。

近些年，图书市场的竞争越来越激烈，纸质书的受众逐渐减少，很多书店品牌都面临经营困难的窘境，但"××绘本"这个以经营高质量小语种绘本为目标的书店却逆势发展，从一家小工作室发展为成熟的公司。它成功的关键，就在于把握住了图书行业的"长尾效应"，避开了竞争激烈的大众类图书，专门经营小语种国家的精美绘本，并通过线上宣传推广精准捕获了目标受众。

店铺的定位比较小众，因此更注重品类的丰富性。在"××绘本"店铺中可以看到海量的小语种绘本，涵盖法语、德语、西班牙语、日语等多种语言，从简单的幼儿启蒙绘本到适合成年人阅读的艺术绘本，主题多元，难度级别丰富。虽然每种绘本的销量与市场上的热门图书相比并不算高，但由于种类繁多，累计销量非常可观，成功实现了"长尾效应"。

定位越是小众，就越需要借助互联网的力量让品牌触达潜在的消费者。所以，"××绘本"在小红书、抖音等热门社交媒体平台上都开设了官方账号，定期发布精美的绘本内页图片、有趣的绘本故事片段，以及家长和孩子一起阅读绘本的温馨场景等内容。这些高质量的内容吸引了很多用户关注、收藏和转发，也很快吸引来一大批绘本爱好者，聚拢了目标用户。

此外，店铺经常举办活动，鼓励大家分享读书笔记，只要转发量、收藏量和点赞量达到一定数目，就可以获得优惠券乃至免单福利。不少老客户都积极分享，吸引到了更多有相同爱好或者需求的新客户，实现了传播裂变。凭借对"长尾效应"的运用和在互联网上的有效传播，"××绘本"很快就成为这个独特品类里不可替代的新势力，在小众赛道实现了规模增长。

从小众绘本店铺的成功经验里，我们可以看到"长尾效应"结合传播裂变带来的影响力。即使是再小众的赛道，只要用心经营，一样能给我们带来丰厚的回报。要想实现这一点，我们需要"抓准长尾，打造裂变"。

① 精准定位，锚定长尾

小公司资源有限，要想在市场中脱颖而出，精准定位是关键。公司要深入挖掘小众需求，利用数据分析、市场调研等方式，找出那些被大公司忽视的细分领域。比如，在宠物市场大热的当下，经营宠物用品的店铺除了经营常见的宠物食品、玩具等产品，还可以增加智能喂食器、自动铲屎机等宠物智能用品的比例。后者虽然未达到非常普及的程度，但深受养宠物的忙碌的上班族青睐，因此可以通过增加种类来积累订单量，一样可以实现盈利。

② 打造爆款，引发裂变

在竞争激烈的市场中，小公司要有一款能"打天下"的爆款产品或服务。尤其是锚定"长尾板块"的公司，要实现足够的盈利，一定要增加产品种类，如果每一种产品都没有爆款竞争力，就很难吸引顾客。比如，不少店铺都会上架一两款低价产品，通过价格吸引用户。被吸引来的用户往往需要购买大量相关产品，又希望在一家店内"一站式"购齐，因此能带动其他品类的销售。

光有好产品还不够，还得结合多种裂变玩法，让用户成为"自来水"。常见的有拼团、砍价、分销等。比如，某母婴店推出"育儿大礼包"拼团活动，三人成团就能以超低价格购买价值不菲的母婴用品套装。宝妈们为了拼团成功纷纷在微信群、朋友圈分享购买链接，还主动拉上亲朋好友，活动热度因此持续攀升，店铺客流量和销售额大幅增长。

③ 激励分享，强化传播

小公司通过建立有效的用户激励机制，能极大地激发顾客分享的积极性。可以通过发放优惠券、现金奖励、会员权益升级等方式，实现用户激励。同时，品牌也可以设置积分商城，用户分享、评论、学习课程都能获得积分，积分可兑换课程、书籍、学习周边等礼品。这样做可以鼓励用户分享、评论，促使用户成为传播裂变的重要一环。此外，在设计激励机制时，要注意平衡奖励的吸引力和获取难度，既要让用户觉得有利可图，兑现过程又不能过于简单或复杂，确保用户愿意主动参与分享。

❹ 数据赋能，优化策略

数据是小公司发展的指南针。通过收集用户行为数据、销售数据、营销数据等，小公司可以深入了解用户需求、偏好、购买习惯等信息。电商店铺可以借助数据分析工具，了解从浏览、添加到购物车到购买的整个流程中，哪些环节的用户流失率高，哪些产品组合更受欢迎。然后，根据数据分析结果及时优化产品、服务和营销策略。如果发现某款产品的浏览量高但购买转化率低，就需要调整产品描述、展示图片或价格策略；如果发现某个营销渠道带来的流量质量不高，就要重新评估渠道投放方案。持续的数据驱动优化，能让小公司的发展之路越走越稳。

在互联网的传播环境中，我们可以更好地发挥"长尾效应"的优势，让公司走长线的发展道路，锚定一个对小公司来说更有优势的赛道，让公司的盈利更加稳定、长久。

第八章

短线模式：打出爆发点

重视时效:

快速迭代产品,适应需求变化

　　对小公司来说,在追求持续盈利的道路上,除了走长线经营模式,还可以走短线模式,通过抓住特定时期的机会打造爆发点,实现自身的快速发展。通过"长线—短线—长线"模式的有机结合,公司既能通过短线模式找准发展机会,又能借助长线思维稳扎稳打地经营,有助于实现稳健发展。

　　短线模式下,最重要的是发掘机会,把握每一个发展时机。互联网时代,技术革新较为迅猛,消费者的喜好也像沙丘一样不断流动。在这样的大环境中,市场上的机遇变得更多,但留给公司的时间窗口也更短。所以,公司经营产品时一定要有快速迭代的思维,重视产品的时效性,才能找准风口。

　　安踏是中国体育用品行业的佼佼者,从 1991 年成立到现在,一直保持着较高的市场占有率和较好的口碑。要知道,消费者对体育用品的需求在过去二十年间发生了巨大变化,逐渐从追求品牌转向关注专业性、时尚性和舒适性。这样的需求变化导致许多曾经知名的国产运动品牌逐渐销声匿迹,但安踏依然能稳稳占据上风，足以说明它在产品迭代上的用心和对市场需求的敏锐观察。

早在 2010 年，安踏就发现，随着全民健身热潮的兴起，消费者对运动装备的专业性和时尚性有了更高的要求。于是，公司迅速对旗下产品进行了全面升级，不仅在技术研发上加大投入，申请了一系列具有自主知识产权的专利，如运动鞋的减震技术、运动服饰的保暖技术等，提升了产品的功能性，还在设计上与国际接轨，引入时尚元素，使产品更符合消费者的审美需求。

以跑步鞋系列为例，在材料选择上，安踏选用了更轻便、透气、耐磨的新型材料，为消费者提供了更舒适的穿着体验。在款式设计方面，安踏紧跟时尚潮流，推出了多款联名款和限量款跑鞋，吸引了许多消费者关注。通过这一系列的产品迭代，安踏跑步鞋的市场份额在短短几年内提升了30%，销售额实现了大幅增长。

当市场发生变化时，公司一定要及时洞察消费者的反馈，知道当前主要需求的变化方向，才能提前布局，让产品始终适应市场。过于信奉"一招鲜，吃遍天"的理念，认为只要守着几个拳头产品就可以实现持续盈利的公司，很容易被其他竞争者超越。尤其是小公司，由于规模较小、竞争能力不强，更不能掉以轻心，只有将产品迭代放在心上，才能在短期内抓住市场机会。公司在进行产品迭代时，可以围绕以下步骤展开思路。

1 调研与分析用户需求

小公司想实现产品的快速迭代，第一步就是要开展用户需求调查，把握当前的风向。可以通过线上线下多个渠道收集用户的需求，然后对用户的需求进行优先级排序，确定哪些是用户的刚性需求，不满足的话，用户易流失；哪些是用户的期望性需求，会对用户的满意度评价产生影响；哪些是用户的伪需求，是臆想出来的或只是短暂的热点；等等。同时，还要结合市场趋势、竞争对手情况等因素，对需求进行综合分析，找到最重要的核心需求，并在产品迭代时优先满足它，这样就能确保将有限的时间和资源用在最重要的优化方向上。

❷ 明确产品的迭代方向与目标

确定产品迭代的方向和目标，是迭代的关键步骤，如果迭代目标与技术变革方向、市场风向背道而驰，那么，迭代产品不仅不能助力公司实现市场扩张，甚至可能导致公司资金链断裂、产品积压。

公司要基于需求调研的结果，结合自己的战略规划和市场定位，明确产品需要改进和优化的方向。如果公司经过市场调研发现用户对产品的某一功能需求强烈，且竞争对手在这方面表现突出，那么公司就可以将对该功能的优化和升级作为产品迭代的重点方向。明确目标后，在迭代时还要设定合理的时间表和里程碑。时间表要合理安排各个阶段的时间节点，确保产品能够按时上线，同时也要考虑可能出现的风险和问题，预留一定的时间弹性。里程碑则是将产品迭代过程划分成多个关键阶段，每个阶段都有明确的交付成果和验收标准，便于对项目进度进行监控和管理。设定明确的时间表和里程碑可以让团队成员清楚地知道每个阶段的任务和目标，提高团队的协作效率，确保产品迭代能够顺利进行。

③ 利用"原型开发"思路缩短迭代周期

在互联网领域中，"原型开发"的概念非常常见，即开发团队先快速产出一些可以进行阶段测试的原型，这个原型产品并不是最终产品，只是为了重点测试部分功能。测试团队、客户和用户都能通过原型产品直观地体验迭代后的功能，并及时提出反馈建议。根据建议，开发团队会反复修改原型，直到满足需求为止。这样就实现了分阶段开发，每个功能迭代后，都可以单独进行测试和完善，不需要将整个产品进行迭代后再统一测试，有助于在早期阶段发现并解决问题，避免了后期开发时的大规模返工，提高了迭代效率。

小公司也可以借鉴这一概念，根据产品的特点，将迭代过程拆解为不同部分，每个部分进行单独的开发和测试，甚至可以多个部分同步进行迭代与测试，最后再将初步迭代的结果组合在一起。这样不仅可以有效地缩短迭代的周期，还能降低迭代优化的成本，更好地保障新产品的时效性。

④ 产品要持续迭代，反复测试优化

产品正式推出并非迭代的终点，而是优化的起点。因为，在产品上线后，公司才能收集到足够的用户反馈，了解消费者在使用产品的过程中遇到的问题和产生的需求。

公司要根据反馈信息，不断对产品进行迭代和优化，比如解决消费者提出的痛点、优化产品的性能、增加新的功能等。持续迭代与测试优化是一个循环往复的过程，只有倾听用户的声音，紧跟市场变化，才能让产品始终保持竞争力，实现公司的快速盈利和可持续发展。

当然，在追求快速迭代的道路上，公司绝不能忽视产品质量。产品质量是公司的生命线，只有高质量的产品才能赢得用户的信任和良好的口碑。公司要在速度与质量之间找到一个平衡点，在保证产品基本质量的前提下快速迭代，满足市场的动态需求才能实现持续盈利。

增长热点：
聚焦快速增长领域，抓住市场机会

在公司的发展过程中，追求盈利是永恒的主题。只有盈利，公司才能拥有充足的资金投入研发、拓展市场、提升员工福利水平，谋求长远发展。在市场蛋糕不变的前提下，由于每一分利润都要从竞争对手那里抢夺，公司很难在激烈的竞争中撬动更多利润。在这样的大背景下，聚焦快速增长领域的短线模式应运而生，成为众多公司眼中的"香饽饽"。

公司可以凭借对市场趋势的敏锐洞察，锁定那些正处于快速上升期的领域，集中优势资源切入，快速收获利润。它摒弃了传统模式中按部就班、稳扎稳打的节奏，力求抓住市场的增长机会，在最短的时间内实现盈利最大化。

2016 年，当不少电商公司还在观望直播带货的潜力时，蘑菇街率先布局，大力发展直播业务，抢占市场先机。

为了在直播带货领域站稳脚跟，蘑菇街精准定位核心用户群体——时尚中青年女性，并展开了一系列行之有效的营销策略。平台精心挑选了五千多名对时尚有着敏锐感知、具备专业穿搭知识的主播，这些主播不仅能够熟练地展示商品，还能根据不同女性的身材、气质、风格偏好，提供个性化的穿搭建议，让消费者产生强烈的共鸣与购买欲望。

在产品方面，蘑菇街紧密围绕时尚女性的需求，汇聚了海量的服装、美妆、配饰等潮流单品，确保商品款式新颖、品质优良。同时，通过与众多品牌建立深度合作关系，争取到极具竞争力的价格和优惠措施，为消费者提供高性价比的购物选择。

凭借这一系列精准有效的策略，蘑菇街在直播带货领域取得了令人瞩目的成绩。2019 年，该平台依靠直播带货在竞争激烈的电商市场中成功突围，成为备受瞩目的行业黑马。

即便在竞争激烈的电商领域，只要能抓住风口，哪怕是领域垂直、体量较小的平台，也能借助直播打个翻身仗。对于快速增长的领域来说，市场本身就在迅速扩张，公司只要能介入其中并找准方向，就能顺势获取更多发展红利。能否精准分辨快速增长领域，是决定公司能否借助短线模式实现快速盈利的关键。这需要公司具备敏锐的洞察力和深入的分析能力，需要从宏观经济、行业动态、市场需求等多个维度进行综合考量。

① 紧跟宏观经济风向

宏观经济数据就是市场的"晴雨表"，能清晰地反映经济的整体走势和发展趋势。从数据上看，GDP 增长率、就业数据、通货膨胀率等指标都与行业的兴衰息息相关。具体到某个行业的经济指标，更能精准反映该行业的发展情况。比如，通货膨胀率保持在较高水平时，货币政策一般较为宽松，零售、餐饮、旅游等行业会迎来旺盛的市场需求，消费类行业会呈现出蓬勃发展的态势。

政策导向对行业发展的影响直接而深远。举个简单的例子，近年来，各国政府为了应对环境污染和能源危机，纷纷出台了一系列支持新能源发展的政策。我国政府也积极行动，不仅对新能源汽车的购置给予补贴，还大力推动充电桩等基础设施的建设。在这些政策的强力推动下，新能源行业迎来了爆发式增长，新能源汽车制造业、电池研发、充电桩运营等上下游产业链公司都得以迅速发展。

所以，公司应密切关注国家宏观经济政策的动态，及时捕捉政策风向的变化，以便提前布局，抢占市场先机。

❷ 洞察行业发展脉搏

行业报告和研究数据是了解行业发展趋势的重要窗口。通过研读权威的行业报告，公司可以获取行业的市场规模、增长速度、竞争格局、技术发展趋势等关键信息。其中，技术革新往往是推动行业变革和发展的核心力量。

回顾历史，我们会发现，互联网技术的出现彻底改变了人们的生活和工作方式，催生出电子商务、社交媒体、在线教育等诸多新兴行业。如今，人工智能、区块链、物联网等前沿技术正处于飞速发展阶段，它们的应用为各个行业带来了全新的机遇和挑战。例如，人工智能技术在医疗领域的应用，使疾病诊断更加精准、高效，并为新药研发提供了新的思路和方法，推动了医疗行业的创新发展。因此，公司要保持对技术创新的敏锐感知，密切关注行业内的技术突破和创新应用，及时将新技术融入自身的业务中，以提升竞争力。

③ 关注市场需求动态

消费者需求是市场的核心驱动力，其变化趋势直接决定了行业的发展方向。以健康食品行业为例，随着消费者对健康饮食的关注度不断提高，低糖、低脂、有机食品等受到了广泛欢迎，一些食品公司纷纷加大在这一领域的研发和生产投入，推出一系列低糖或代糖产品以满足市场需求，获得了较好的经济效益。由此可知，公司应该深入开展市场调研，了解消费者的需求变化和痛点，通过创新产品和服务，满足消费者的个性化需求，从而开拓新的市场空间。

社会趋势的变化也会对市场需求产生重要影响。随着人口老龄化的加剧，养老服务、医疗保健、老年用品等领域的需求呈现出快速增长的趋势，年轻一代消费者对时尚文化的追求，也推动了相关产业的发展。公司要善于捕捉这些变化，提前布局相关领域，以适应市场需求。

紧跟宏观经济风向、洞察行业发展脉搏、关注市场需求动态，有助于公司精准分辨出那些蕴含着巨大潜力的快速增长领域，找到能在短期内实现盈利的"捷径"。

战略合作：

寻求互补协作，共享资源技术

小公司在经营的过程中往往会面临来自各方的巨大挑战。大公司凭借深厚的资金储备、强大的品牌影响力以及广泛的市场渠道，在竞争中占据着明显优势，相比之下，小公司在资源获取、市场份额争夺等方面都处于劣势。为了在有限的市场中分得一杯羹，小公司常常陷入激烈的价格战，导致自身利润空间被极度压缩，生存愈发艰难。在这种情况下，怎样才能在短期内稳住公司的位置，谋求长远的发展呢？

寻求合作是小公司在这种处境下应有的破局思路。通过与互补公司合作，即便是规模较小的公司也可以巧妙地整合彼此的优势资源，实现资源利用的最大化，提升自己的竞争优势。

"××科技"是一家配件制造公司，一直专注于生产高质量的电子产品小型配件，比如手机摄像头模块的部分精密组件等。受限于自身规模，"××科技"在发展过程中面临着许多棘手难题。比如，公司资金不足导致无法大量购置生产设备，产能提升不上去，也就无法满足大规模订单的需求；研发投入不足导致新产品推出的速度很慢，很难跟上市场的发展节奏；市场渠道有限导致市场份额难以增加；采购量小，缺乏与供应商议价的能力，致使原材料成本居高不下，严重压缩了利润空间。

然而，一次行业展会成为"××科技"命运的转折点。在展会上，公司负责人结识了另一家公司的代表。该公司专注于智能穿戴设备领域，已经有了一定的名气和市场。双方经过深入交流后惊喜地发现，彼此的业务需求高度互补。"××科技"拥有精湛的配件制造工艺和严格的质量把控体系，能够为这家公司提供高质量的配件产品，后者则有较强的研发能力与稳定的市场渠道，能提供稳定的订单。

于是，双方一拍即合，决定携手合作。"××科技"根据合作方的产品需求调整生产流程，加大在质量控制方面的投入，确保为对方提供的配件达到最高标准。而对方则积极将"××科技"纳入对方供应链体系，向众多合作伙伴推荐"××科技"的产品。通过供应链联合采购，"××科技"的采购成本也下降了不少。

合作达成两年后，"××科技"成功进入了手机摄像头配件之外的新市场，客户群体也从原来的少数本地小公司扩展到了多家国内外知名的电子设备制造商。而合作方也获得了质量稳定、物美价廉的零配件产品，解决了制造环节的问题，市场占比进一步增加。两家公司实现了双赢。

公司能否发展，往往在于能不能把握机遇。快速发展的市场、订单稳定的大客户、忠实的消费群体能给公司带来机会，好的合作者也能为公司发展带来助力，让彼此通过合作获得"1+1 ＞ 2"的效果。可是，怎样识别合适的互补公司，让双方实现双赢呢？

① 考虑资源的互补性

可以合作的公司最显著的特征之一，是资源具有互补性。这种互补性体现在多个层面。

在技术层面，当一方拥有先进的生产制造技术，另一方掌握前沿的研发技术时，两者合作便能实现从产品研发到生产的高效转化。就像案例中的两家公司，一家专注于精湛的配件制造工艺，而另一家在智能穿戴设备的研发上积累了大量成果，双方合作能让产品更好地落地。

在渠道资源层面，不同公司覆盖的市场范围和销售渠道往往存在差异。拥有线上销售渠道优势的公司与擅长线下实体渠道的公司合作，能够实现市场的全面覆盖，拓宽产品的销售路径。

在客户资源方面，互补公司的客户群体可能处于同一产业链的不同环节，或者虽有不同的消费需求但存在潜在的关联。通过合作，公司可以互相渗透对方的客户群体，实现客户资源的共享与拓展，为产品找到更多的潜在买家。

② 考虑目标的一致性

目标一致性是长久合作的关键，如果公司发展的方向不一样，便很难实现稳定、和谐的合作，即使是短期合作也不容易出成果。在市场定位上，选择的合作公司可以具备相似的目标市场或客户群体，这样一来，尽管合作双方提供的产品或服务有所不同，但满足的是同一类客户的多元化需求，可以向同一方向发展。例如，一家专注于为年轻消费者提供时尚运动装备的公司与另一家为年轻的消费者提供运动营养品的公司合作，由于双方共同瞄准年轻运动爱好者这一市场，便能更好地满足该群体在运动过程中的不同需求。

在发展目标上，双方应追求共同的成长与进步，通过合作实现扩大公司规模、提升市场份额、提高利润等目标。当公司都朝着同一个方向努力时，在制定合作策略、分配资源以及应对市场变化方面，就能协调一致，减少内部矛盾和冲突，提高合作的效率，获得良好的合作效果。

③ 考虑文化的兼容性

公司文化如同公司的灵魂，文化兼容性对合作的顺利开展至关重要。价值观是公司文化的核心，若选择在价值观方面达成共识的互补公司，双方就能在决策、经营等方面保持一致的准则。如果两家都重视诚信经营，就能在产品质量把控、与客户沟通等环节秉持相同的诚信原则，避免因价值观差异而产生信任危机。

管理风格和工作方式的契合与否也不容忽视。如果一家公司强调高效执行、层级分明的管理模式，而另一家倡导创新自由的扁平化管理模式，双方在合作时很可能会在沟通、决策流程等方面产生摩擦。反之，管理风格相近的公司，能够更顺畅地进行信息交流和协同工作，促进合作项目的推进。

　　只有选择资源、定位互补，可以深度合作的公司，通过"抱团模式"共享彼此的资源和技术，小公司才能在短期内稳固市场地位，克服因自身规模较小而带来的劣势，谋求长远的发展。

第九章

社群模式：赢得私域流量

打造黏性:

把握"兴趣圈"是建群逻辑

"社群模式",简单来说,就是公司构建一个有共同的兴趣爱好、需求或价值观的人聚集的社区,并与成员展开深度互动,以此实现产品推广、销售转化以及品牌发展等目标。对于资源相对有限的小公司而言,社群模式是一条低成本、高回报的发展路径,它降低了公司在引流、宣传、获客等环节的成本,助力公司打造私域流量。

在社群组建的过程中,"兴趣圈"起着基石般的作用。兴趣,是人与人之间天然的黏合剂,它能跨越年龄、性别、地域等界限,将志同道合的人紧密联系在一起。小公司围绕特定的"兴趣圈"打造社群容易精准吸引到活跃度高的用户群体。

豆瓣网是国内知名的社交网站,其"兴趣小组模式"极具特色。用户可以根据自己的喜好,加入不同的豆瓣兴趣小组,在小组中发言探讨相关内容。不管你是对文学、电影、音乐等艺术领域感兴趣,还是对美食、旅行、摄影等生活领域感兴趣,都能找到心仪的兴趣小组。甚至还有一些小众、奇特的兴趣小组,比如,"高压锅爆炸小组"的组员都有过高压锅爆炸的经历，他们聚在一起倾诉这段难忘的经历；"丧心病狂省钱小组"的组员因省钱需求而相聚，在组内分享各种实用的省钱小妙招。这种丰富多样的兴趣分类吸引了数千万用户的参与，兴趣小组的数量多达上万个，每个小组都像是一个充满活力的小社群，汇聚着志同道合的人。

各个小组还会定期举办线上活动，鼓励大家根据主题进行分享和讨论，由于参与者有着相同的兴趣爱好，所以大家的发言较热情，小组里的帖子互动性很强，一个热门帖子往往能收到成千上万条回复。这种活跃的互动氛围使用户对小组产生了强烈的归属感和认同感，因此大大提升了用户黏性，实现了一种正反馈循环。

部分豆瓣兴趣小组在积累了一定的人气和用户黏性后，成功探索出了商业变现的路径。广告合作是最常见的一种方式，一些人气较高的小组，尤其是与购物、时尚、美容等消费领域相关的小组，会吸引众多商家前来投放广告。还有的小组通过推广品牌、推荐产品等方式实现了盈利。此外，一些分享专业知识和技能的小组，还尝试推出付费课程、咨询服务等。比如，某编程兴趣小组的技术"大神"们联合推出了一系列线上编程课程，受到了组员们的热烈欢迎，既实现了知识变现，又进一步提升了小组的影响力。

豆瓣小组是通过建立"兴趣圈"来精准吸引粉丝，进而变现盈利的典型代表。走社群模式的传统思路是发展"熟人圈"或"职业圈"，利用家庭、朋友、同学、同事、客户等关系建立社交网络，经营私域流量。在这个圈子里，人们彼此熟悉、信任，交流起来较为轻松，初期的盈利转化也比较容易。但是，"熟人圈"的范围相对狭窄，人员构成较为固定，对于一个公司来说，用户体量太小了。如果仅仅依赖"熟人圈"推广产品或服务，很难实现大规模的用户增长和业务拓展。而且，基于"熟人圈"或"职业圈"形成的社群，参与者不一定对公司的产品感兴趣，很难形成长期、稳定的客户群。

相比之下，"兴趣圈"则打破了这种局限，比如，"豆瓣小组"汇聚了来自五湖四海、各行各业的人，只要对某个兴趣主题感兴趣，就可以加入相应的小组。小公司通过"兴趣圈"打造社群，有助于接触到不同背景、需求多样的潜在客户，极大地拓展人脉资源。而且，公司围绕兴趣推出相关产品，更容易获得社群用户的青睐，进而实现盈利。但是，通过"兴趣圈"打造社群意味着我们需要在前期经营上投入更多精力，维护好社群环境，才有机会实现社群的扩张和发展。

① 精准洞察用户需求，锚定"兴趣圈"

公司若想基于"兴趣圈"构建用户群，首先需要精准洞察市场，深度挖掘用户潜在的兴趣点。这需要我们密切关注社会趋势、行业动态以及消费者行为变化，利用社交媒体、行业论坛、市场调研等渠道，收集大量的数据和信息。通过分析用户的兴趣偏好、痛点需求，结合公司自身产品类型，构建跟兴趣有关的消费者画像，从而精准吸引目标用户加入公司的社群。

② 围绕兴趣分享优质内容，吸引用户

如果想用"兴趣圈"吸引用户，一定要输出足够优质的内容。内容不仅要与"兴趣圈"的主题紧密相关，还需具备价值性、趣味性和独特性，才能从无到有地构建社群关系。兴趣社群的起步较难，但是不受关系、地域等因素的限制，后期发展潜力更大。怎样通过分享优质内容来维护社群呢？比如，经营摄影相关产品的公司，可以定期在相关社群中发布专业的摄影教程或分享优秀的摄影作品，也可以动用业内人脉，邀请知名摄影师开展线上讲座。输出这些优质的内容，不仅能够吸引用户加入社群，还能让他们在社群中获得知识和乐趣，增强他们对社群的认同感和归属感。

③ 多渠道引流，提高社群人气

为了提高"兴趣圈"社群的人气，公司还需要借助多种渠道进行引流。线上渠道方面，可以充分利用社交媒体平台，如微信、微博、抖音等，将公共领域的流量转化成社群的私域流量。比如，在微信公众号上发布有关"兴趣圈"的精彩内容，引导用户加入社群；在微博上发起与"兴趣圈"相关的话题讨论，吸引用户关注并参与；通过抖音制作有趣的短视频，展示"兴趣圈"的魅力，吸引用户加入。此外，还可以与相关领域的博主、KOL（关键意见领袖）合作，借助他们的影响力和粉丝基础，为社群引流。线下渠道方面，可以与相关公司合作举办线下活动，邀请潜在用户参加，现场引导他们加入社群。线上线下多渠道引流能够有效增

强"兴趣圈"社群的影响力，吸引更多的潜在用户加入。

④ 设定社群规则，维护社群秩序

没有规矩，不成方圆。良好的社群秩序对"兴趣圈"社群的健康发展至关重要。小公司在建立社群之初就需要制定明确的社群规则，在入群要求、发言规范、行为准则、违规处理等方面做出硬性规定。比如，明确规定入群需经过审核，确保进群的用户是真正对"兴趣圈"感兴趣的人；禁止在群内发布无关的广告信息，避免对用户造成干扰；对于恶意攻击他人、传播不实信息的行为，要有相应的处罚措施，如警告、禁言甚至移出群聊。同时，安排专人负责社群的日常管理，及时处理违规行为，维护社群的良好秩序。明确的规则和有效的管理一方面有助于提升用户的体验感和满意度，另一方面也能延长社群的生命周期。

对小公司而言，社群模式是一条值得深入探索的道路，而围绕"兴趣圈"来组建和运营用户群，则是社群模式成功的关键所在。通过建立活跃、忠诚且具有商业价值的"兴趣圈"社群，小公司不仅能够实现产品的推广和销售，还能与用户建立起长期稳定的关系，提升品牌的知名度和美誉度。

跑赢时间：
有效互动维系社群生命力

　　社群模式可以帮助小公司快速引流，并打造稳定的用户群。然而，让社群持续为公司带来盈利并非易事。许多小公司在建立社群后，初期可能会有一定的活跃度，但随着时间的推移，社群逐渐变得沉寂，难以发挥其应有的价值。其中有一个关键原因，就是社群缺乏有效的互动。如何通过有效互动让社群保持活力，助力小公司持续盈利呢？

　　"英语梦想家"是一个线上英语学习打卡社群，聚集了一群想学习英语、希望能通过社群互相监督的成员。社群创立之初，群主Lily就意识到，要想让社群长期保持活跃，必须建立起有效的互动机制。她首先制定了明确的群内打卡规则，每天早上社群会推送一篇英语短文，成员需要在当天读完文章并在群里用英语分享自己的读后感，并且至少使用三个新学的词语或短语。为了鼓励大家积极参与，Lily设立了一个"打卡先锋榜"，每周统计打卡次数和分享质量，排名靠前的成员可以获得英语学习资料或线上课程优惠券。

除此之外，Lily 还设置了比赛和奖励机制，举行了"××天坚持打卡挑战赛"，每个群成员可以根据自己的情况设置目标，完成目标后记录自己的成果，并发到群里打卡。如果能在挑战周期内坚持打卡，就能获得群主提供的奖励。成员们纷纷表示，如果挑战失败，他们就在群里发红包，通过这种方式来督促自己学习。有了挑战赛后，大家每天都会积极更新进度、交流情况，学习也有了娱乐性，社群里每天都很热闹。

随着社群的影响力逐渐扩大，一些英语培训机构和教育产品供应商开始注意到这个社群。他们主动联系群主 Lily，希望能够在社群中进行合作推广。Lily 经过谨慎筛选，选择了一些与社群学习风格和成员需求相匹配的产品进行推荐，社群也因此获得了一定的推广分成。就这样，社群的盈利渠道也逐渐拓宽。

通过英语学习打卡社群的成功案例，我们可以总结出公司运营社群需要注意以下关键点。

① 明确社群主题与规则，营造专业氛围

清晰的社群主题能够吸引目标客户群体，如英语学习打卡社群就吸引了想提升英语水平的成员。在社群中，要鼓励大家围绕社群主题发言，避免在群内讨论其他人不感兴趣的话题，这样才能营造社群的专业氛围。同时，明确的规则是保障社群良好秩序的前提，比如规定发言的文明准则、有关广告的禁令等，强调社群的规则有助于明确沟通交流的界限。以上方法都是为了维护社

群的发言氛围，营造专业、热情、友好的社群环境。只有这样，社群才能吸引爱好者长期驻扎。

② 培养活跃的社群管理员

社群管理员是社群氛围的首要推动者。他们要积极参与用户讨论，及时回复用户问题，承担起社群"灵魂人物"的责任。管理员可以定期发起话题，如分享行业的小知识、新品预告等，引导成员参与讨论，把控社群内发言的方向和主题。一个优秀的社群管理员可以帮助社群有效延长生命周期，确保社群积极健康地发展。

③ 鼓励社群成员生成内容

鼓励社群成员创作、分享，能增强成员的参与感和对社群的归属感。公司可以设置奖励机制，鼓励成员分享产品的使用心得、产品的创意玩法等内容。比如，如果公司经营手工制品，可以建立一个手工社群，通过设立"最佳创意分享奖"等奖项，鼓励群成员分享自己制作饰品的过程、心得体验等，不仅能为其他用户提供参考，还能丰富社群内容，吸引更多人参与。同时，公司要对用户的分享给予认可和奖励，如发放优惠券、小礼品等，激励成员进一步创作。

④ 定期举办互动活动

互动活动能有效提高群成员的参与度。我们可以举办问答活动，围绕产品知识、行业动态等设置问题，让成员在参与过程中加深对产品的了解。也可以开展抽奖活动，鼓励用户通过完成简单任务，如分享社群链接、点赞、评论等获得抽奖机会。此外，话题讨论也是不错的形式，如围绕与产品相关的热门话题展开讨论，激发用户的参与热情，增加用户之间的互动，提高用户社群的关注度。

⑤ 分析社群数据

我们可以通过社群数据分析了解用户行为，比如成员的年龄、性别比，在线活跃时间，参与活动的频率，对不同内容的反馈，等等。根据数据结果调整社群的互动策略，一方面让社群内的活动更有效，另一方面增强社群生命力。比如，某种类型的内容引发的互动率较高，就可以增加此类内容的创作。通过数据分析来不断优化社群互动，可以提高社群的运营效果，为小公司的持续盈利提供有力支持。

只要社群成员能一直保持良好的互动，社群的生命力就会持续下去，为公司稳定以及持续盈利保驾护航。

持续裂变：

寻找"种子用户"反哺社群

公司通过构建活跃的社群，不仅能够直接接触目标客户，还能以较低成本实现高效的品牌推广与产品销售。但是要想让社群真正发挥作用，还需要发挥社群的裂变能力，让公司的目标用户群快速扩张。要想做到这一点，不能仅仅依靠社群管理者的努力，还要发挥社群成员的作用，其中"种子用户"的力量不容小觑。他们如同星星之火，能够点燃社群的燎原之势，推动小公司持续盈利。

以母婴社群电商平台"××心选"为例，虽然其发展初期只有三十五个用户，但这些用户都是社群精挑细选的"种子用户"。"××心选"不仅将"种子用户"定位为顾客，还给她们提供了免费拥有线上精品母婴店的机会。只要"种子用户"能协助创建新社群，并管理裂变出的新社群，就有机会成为管理层，从顾客转变为社群群主和线上店长，这极大地激发了她们参与宣传和运营的热情。

在"种子用户"的有力推动下，"××心选"借助微信生态下的社群模式实现了迅速裂变与规模扩张。由于平台提供的商品精准匹配社群成员的消费需求，社群在扩张规模的同时，盈利水平也节节攀升。比如，考虑到泛"90后"妈妈对商品有着高颜值、高性价比和高品质的需求，平台与三顿半咖啡展开合作，争取到极具吸引力的团购价格。同时，平台凭借其品牌影响力和产品优势吸引"种子用户"与其他成员分享，不仅给大家提供了实惠的产品，还吸纳了一批社群新用户。此外，平台还在不断更新合作品牌，并鼓励"种子用户"积极创作内容，在"种子用户"的配合下，不断推出"阶梯团""永续拼团"等大家喜爱的团购活动，进一步促进了社群的传播与用户增长。如今，"××心选"已成功完成从起步到持续盈利的蜕变，"种子用户"在这一过程中功不可没。

究竟什么样的用户才可以叫作"种子用户"呢？如何才能选择和培养"种子用户"，并鼓励他们参与到社群裂变中？关于这些问题，我们需要逐一进行探讨。

1 **"种子用户"的特征**

强传播力是"种子用户"的显著标签。他们活跃于各类社交平台，拥有庞大且高质量的社交圈，其推荐与分享极易获得他人的关注与信任。以小红书上的母婴博主为例，她们发布的母婴产品使用心得往往能吸引众多宝妈的点赞、评论与转发，从而有效提升产品的知名度与曝光度，这就是社群想要的优质"种子用户"。

"种子用户"热衷于尝试新鲜事物，对新品牌、新产品充满好奇心，愿意率先体验并分享自己的感受。他们对创新的包容度较高，即便产品存在一些小瑕疵，也能以开放的心态给予反馈，助力公司改进、优化。而且，这类用户对品牌的忠诚度较高，一旦认可某个品牌，便会长期支持，不仅自身重复购买，还会积极向身边的人推荐。

② 精准筛选"种子用户"

（1）基于兴趣爱好筛选。以健身社群为例，我们可在小红书、豆瓣等平台的健身板块，寻找频繁分享健身经验、积极参与健身话题讨论的用户。这类用户对健身兴趣浓厚，更易成为健身社群的"种子用户"。

（2）依据需求筛选。公司可以通过市场调研、收集用户反馈等途径，挖掘对自身产品或服务有迫切需求的用户，这类用户在强烈需求的驱动下，不仅会主动深入了解产品，还乐于分享使用体验。

（3）通过社交影响力筛选。通过社交媒体平台的粉丝数量、互动率等数据，识别出具有较高影响力的用户。比如，抖音、微博等平台上拥有大量粉丝且互动频繁的行业大V，如果他们对公司产品感兴趣，就能凭借自身影响力，助力产品快速传播。

③ 培养"种子用户"，给社群带来活力

筛选出"种子用户"后，培育工作至关重要。为"种子用户"提供专属福利是培育的基础，我们可以给予他们优先购买新品的权利，或是提供独家折扣、限量赠品等，有助于提高他们对品牌

的好感度与忠诚度。还可以举办丰富多样的互动活动，有效提升"种子用户"的参与度与活跃度。例如开展线上问答、话题讨论、线下聚会等活动。同时，在社群运营过程中，要对"种子用户"的价值予以充分认可。可以通过公开表扬、设立荣誉称号等方式，让他们感受到自身的重要性。比如在母婴社群中，对积极分享育儿经验且影响力较大的"种子用户"，可以授予"育儿专家"称号，并在社群中进行表彰，激发他们持续为社群贡献价值的热情。

❹ 借助"种子用户"的力量，实现社群裂变

（1）设置极具吸引力的奖励机制。我们可以发布一些有奖励的任务，比如邀请一定数量的新用户加入社群，"种子用户"即可获得现金红包、优惠券、实物礼品等。这种奖励机制不仅能提高"种子用户"的参与热情，还能促使新用户积极参与到后续的裂变活动中，形成良性循环。

（2）鼓励有输出能力的用户打造爆款内容。内容可以是实用的行业知识、有趣的故事、引人深思的观点等。爆款内容就像磁石，能吸引更多潜在用户加入社群，扩大社群影响力。

（3）鼓励"种子用户"积极宣传社群信息。比如，在小红书上发布精美的产品图片与使用心得，吸引用户关注并进入社群，借助社交媒体的强大传播力，实现社群的快速裂变。

"种子用户"是公司社群不可或缺的宝贵财富。精准筛选与培育"种子用户"，充分发挥"种子用户"的优势，实施有效的裂变策略，有助于公司的社群模式走上正轨，实现持续盈利目标。

有效变现：

利用"羊群效应"，开启变现之路

虽然相对于一般的商业模式，社群模式的兴趣和社区属性更强，但最终目的仍然是变现和盈利。所以，实现社群的裂变和扩张只是过程，最终一定要让产品落地，社群只有实现盈利才能长久地运营下去。要通过社群模式进行变现，就要充分利用"羊群效应"，发挥名人、"种子用户"、社群活跃成员等的"领头羊"作用，让他们认可公司的产品，并愿意主动宣传，这样社群的其他成员才会愿意为产品付费。

从经济学的视角来看，"羊群效应"是指市场中的个体在决策时，往往倾向于跟随大多数人的选择，而弱化自己的主观意愿。在消费领域，"羊群效应"的例子屡见不鲜，比如，某知名手机品牌每推出一款新手机，总能在全球范围内引发抢购热潮。消费者们排队购买，或许并不是因为这款手机完全契合自身需求，更多的是受到周围人的购买行为，以及社交媒体上铺天盖地的宣传和讨论的带动。当消费者身处社群环境中时，他的消费行为就不再是独立的，而是受到社群内信息、社群其他成员的消费观的影响。所以，社群模式最容易引发消费领域的"羊群效应"。

　　"樊登读书"（已更名为"帆书"）以线上知识分享为核心，通过社群运营吸引了大量的用户，实现了持续盈利。这一品牌正是巧妙地利用了"羊群效应"的影响力，经常邀请知名人士和意见领袖在社群分享读书心得和感悟。知名人士和意见领袖相当于社群内的"领头羊"，当他们推荐某本书时，社群成员往往会受到影响，认为这本书具有较高的价值，从而纷纷选择购买、阅读并分享读书感悟。借助这种模式，"樊登读书"不仅实现了稳定的盈利，也构建了社群内良好的读书氛围，公司与成员实现了双赢。

　　不仅如此，"樊登读书"还通过用户口碑传播扩大了"羊群效应"的影响力。比如，当用户在社群中获得了有价值的知识和良好的体验后，他们会不自觉地向身边的朋友、同事进行推荐。社群模式下的口碑传播，就像涟漪一样不断扩散，吸引更多人加入到"樊登读书"的社群中来。

　　为了进一步促进社群成员的消费，"樊登读书"也推出了各种会员制度和限时优惠活动，并积极在社群中进行宣传。当一部分用户看到其他人纷纷购买会员时，他们担心错过优惠，于是积极跟着购买。社群利用消费者的从众心理，有效地提高了会员的转化率。通过运营社群，"樊登读书"成功找到了稳定的盈利途径。

　　加入公司组织的社群后，用户就从一个较为独立、开放的网络环境，进入到相对封闭、联结更紧密的私域流量池中，此时公司借助社群宣传和营销自己的产品，往往更有效。所以，公司一定要利用"羊群效应"的影响力，提高社群盈利水平，和社群用户实现双赢。

① 打造爆款，激发"羊群效应"

要想在社群中引发"羊群效应"，一定要有一款有吸引力的爆款产品，这样才能让社群"领头羊"的推荐产生效果。社群的特点就是用户之间的交流更频繁、联结更紧密。如果产品质量过关，便能形成正面的口碑效应；但产品质量较差时，负面口碑也会传播得更迅速。所以，如果公司的产品很差，但依然花费了大量营销费用邀请名人推荐，大家只会觉得名不副实，不仅没法引发"羊群效应"，还容易在社群中激发负面讨论，动摇成员对社群的信任。

② 营造热销氛围，引领"羊群"行动

营造热销氛围是利用"羊群效应"促进社群变现的有效手段。限时优惠、限量抢购等方式能够引发消费者的紧迫感和从众心理，促使他们迅速做出购买决策。

在限时优惠期间，我们可以在社群中通过接龙、小程序等形式鼓励大家下单购买，让社群成员能看到其他人的下单情况。在别人的带动下，原本犹豫的成员可能会因为担心错过机会而下单。这种紧张的氛围和实时的销售数据展示，能让消费者感受到产品的受欢迎程度，激发他们的从众心理，促使更多人加入购买行列。

公司还可以在社群中分享用户购买和好评的截图，进一步强化热销氛围。当新成员看到已有众多用户购买并给予好评时，就

会更容易受到影响，产生购买的冲动。通过这种方式，公司能够有效地引领"羊群"行动，提高产品的销售量。

③ 打造意见领袖，带动"羊群"的走向

在社群中，意见领袖作为"领头羊"，能够有效地带动"羊群"的走向，引导社群成员的消费行为。他们通常是深耕某个领域，并在该领域有较高的知名度和影响力的人物，能够对社群成员的行为和决策产生重要影响。小公司可以邀请行业专家、知名博主等作为社群的意见领袖，也可以在社群内部培养活跃且有影响力的成员成为意见领袖。

对于内部培养的意见领袖，公司可以给予一定的奖励和特权，激励他们积极为社群贡献价值。例如，为他们提供免费的产品或服务，让他们优先参与新品试用，等等。

④ 口碑传播，扩大"羊群"规模

提供优质的产品和服务是公司赢得用户口碑的基础。如果用户在社群中获得了超出预期的购物体验，他们就会愿意向身边的朋友、家人推荐。此时公司可以顺势而为，通过一些活动鼓励大家分享产品的使用体验。

以经营民宿为例，店主可以为入住的客人提供贴心的服务，比如精心准备水果、详细的旅游攻略等。客人在入住后，如果对民宿的环境和服务表示满意，店主就可以引导客人在社交媒体上分享自己的入住体验，并给予客人一定回报，比如下次入住可享

受折扣或赠送小礼品。这样一来，其他人在看到这些好评和分享后也会对这家民宿产生兴趣，并有可能成为新的客户。

借助"羊群效应"的影响力，公司可以提高社群用户的付费意愿，获得更多盈利。

第十章

经营模式：降低风险与成本

众筹模式：
换个角度看融资

在小公司的发展过程中，经营风险和成本是两个关系生存的重要问题。公司规模越小，就越难在高风险、高成本的情况下维持稳定经营，一旦遭遇市场波动或意外，就极有可能遭到致命打击。

众筹模式的出现为小公司带来了新的希望。众筹作为一种新兴的融资方式，可以通过互联网平台，将小公司的创意、项目或产品展示给公众，吸引众多投资者小额出资，聚沙成塔，为公司筹集所需的资金。这种模式打破了传统融资的局限，具有低门槛、多样性、依靠消费者力量和注重创意等特点。公司借助众筹模式进行融资，可以有效地降低生产过程中的运营成本，获得众筹平台的资金支持。同时，众筹还可以帮助公司试探消费端和投资者的态度，提前了解项目和产品是否受市场欢迎，大大降低了项目的风险。

在众多借助众筹实现飞跃发展的成功案例中，亚朵酒店尤为引人注目。过去，众筹一般集中在文创等低单价产品，亚朵酒店却另辟蹊径，选择"花别人的钱开自己的酒店"，运用众筹模式在短时间内筹集到巨额资金，为酒店行业乃至整个商业领域提供了宝贵经验。

亚朵酒店的众筹方案有产品型和股权型两种模式，以满足不同层次投资者的需求和期望。入门级的2元抽奖方案只需要投入2元就有机会参与抽奖，奖品是价值7888元的丰厚福利。这个方案的目的是广撒网，吸引大量潜在客户的关注，让更多人了解亚朵酒店这个品牌，为后续的合作奠定基础。

其次是产品型众筹，比如，投资299元，投资者可以免费入住价值650元的房间一晚，还能享受丰盛的早餐和惬意的下午茶。出资4999元，投资者不仅能获得一张价值5000元的会员卡，还可得到一张价值数千元的床垫。前者对普通散客来说极具吸引力，只需支付相对较低的价格，就能让他们体验到亚朵酒店的优质服务和舒适环境。后者则主要针对亚朵酒店的常客，通过给予他们优惠和福利，进一步提高他们对酒店的忠诚度，同时有助于快速筹集资金。

最高等级的方案则是股权型众筹，出资3万元的投资者，不仅能在未来获得酒店退还的本金和赠送的床垫，还可以参与酒店前三年的净利润分红，年化收益率最高可达到8%。这一方案面向有投资能力的忠实客户，为他们提供了参与酒店发展、共享收益的机会，同时也为酒店筹集到了大量资金。

这些精心设计的众筹方案取得了令人瞩目的成绩。在某个项目中，亚朵酒店仅用5小时就成功筹集到5000万元，创造了众筹界的奇迹。如此惊人的速度和金额，充分展示了众筹模式的强大力量。

亚朵酒店的成功让我们看到了众筹模式的巨大潜力。对于众多渴望突破资金瓶颈、实现持续盈利的小公司来说，借鉴亚朵酒店的经验，掌握众筹经营的关键要点至关重要。

① 明确资金用途与众筹目标

在发起众筹之前，小公司必须对自身的资金需求进行细致的分析和规划，明确每一笔资金的具体用途，是用于产品研发、设备采购、市场推广还是店铺扩张。只有明确资金用途，才能让投资者了解资金的流向和价值，增强他们对项目的信任。

恰到好处的众筹目标也至关重要。目标过高，可能导致无法完成众筹任务，让公司陷入尴尬境地，同时也会让投资者质疑公司的规划能力；目标过低，则无法满足公司的实际发展需求，众筹也就失去了意义。因此，公司需要综合考虑自身的发展规划、市场前景、成本预算等因素，确定切实可行的众筹目标。

② 精挑细选众筹平台

选择合适的众筹平台是众筹成功的关键一步。如今，市场上的众筹平台琳琅满目、各具特色，如专注于创意产品的摩点众筹，综合性的京东众筹、淘宝众筹等。小公司在选择众筹平台时，需要全面考虑平台的知名度、用户群体、收费标准、服务质量等多个因素。

知名度高的平台通常拥有更庞大的用户基础和更大的流量，能为项目带来更多的曝光机会，提高众筹成功的概率。不同平台吸引的用户群体也有所不同，公司应根据自身项目的特点和目标受众，选择与之匹配的平台。平台的收费标准也是需要考虑的重要因素。一些平台会收取一定比例的手续费或佣金，公司需要了解这些费用的具体情况，以评估其对项目成本的影响。平台的服务质量，如是否提供专业的项目指导、推广支持等，也会影响项目的众筹效果。

③ 制定有吸引力的回报机制

有吸引力的回报机制能够激发投资者的参与热情，提高众筹的成功率。回报机制的设计既要充分考虑投资者的需求和利益，也要确保公司的利益不受损害。

回报方式多种多样，可以提供产品、服务、股权、优惠券、会员卡等。以产品为核心的众筹项目可以向投资者提供产品作为回报，让他们在支持项目的同时，也能体验产品；服务型公司可以把免费或优惠的服务作为回报；希望吸引长期投资者的公司可以考虑提供股权，让投资者成为公司的股东，与公司共同分享发展成果。

在设计回报机制时，还需要注意回报的价值和吸引力。回报的价值应与投资者的出资额度相匹配，让投资者感到物有所值。公司可以根据投资者的出资额度提供不同等级的回报，增加投资者的选择，增强投资者的参与感。

④ 建立良好的投资者关系

与投资者建立良好的关系是公司持续发展的重要保障。在众筹过程中，公司要注重与投资者的沟通和互动，及时回应他们的疑问和建议，让他们感受到公司对他们的关注和重视。具体可以通过定期发送项目进展报告、举办投资者见面会、成立专门的客服团队等方式，与投资者保持密切的联系。在项目取得阶段性成果或遇到问题时，可以及时通知投资者，让他们参与到项目的发展中来，增强他们的归属感和认同感。

建立良好的投资者关系，不仅可以提高投资者的满意度和忠诚度，还可以触发口碑传播效应，吸引更多的投资者关注并支持公司的发展。

众筹模式为小公司打开了一扇通往持续盈利的新大门，它不仅解决了公司的资金难题，还带来了品牌推广、客户互动、资源整合等多重机遇，让公司在经营过程中可以用更少的成本撬动更多的利润。

共享模式：
共同拥有而不占有

　　前面我们介绍了众筹模式可以减轻小公司在创立或运营过程中的资金压力，用更简单、高效的方式筹集资金，这是"开源"。而公司通过共享模式，与其他公司共同分享一些资源和服务，降低使用成本，这就是"节流"了。开源和节流双管齐下，可以降低小公司的运营风险，减轻成本压力。

　　小李经营着一家小型广告公司，在创业初期，为了树立公司形象，他咬咬牙租下了市中心的写字楼，购置了专业的广告制作设备，还招聘了一批经验丰富的设计师和营销人员。起初业务开展得还算顺利，公司逐渐在市场上崭露头角。但好景不长，随着市场竞争的加剧，客户对价格越来越敏感，公司的利润空间不断被压缩。可是，高昂的运营成本并不会因为公司收入下降而降低，写字楼的租金更是年年上涨，设备的更新换代也需要大量资金投入，员工工资更是不能拖欠。小李每天都在为资金发愁，公司的发展陷入了僵局。

　　就在小李几乎要绝望的时候，一次偶然的机会让他接触到了共享办公空间。共享办公空间提供了齐全的办公设施，包括会议室、打印机、复印机等，还配备了专业的前台接待人员。小李只需支付相对较低的租金，就能根据自己公司的规模租用办公空间中的部分工位或独立办公室，与其他公司共享这些办公设施和服务。这不仅大大降低了他的办公成本，还让他结识了其他行业的创业者，拓展了人脉资源。

受到共享办公空间的启发，小李开始积极寻找其他可以共享的资源。他发现，附近有几家小型广告公司，虽然业务各有侧重，但都存在设备闲置和人员利用率不高的问题。于是，小李主动联系了这些公司的负责人，提议大家共享设备和人力资源。在业务高峰期，借用其他公司闲置的设备和人员，共同完成项目；在业务淡季，则一起合作开发新的客户资源。这个提议得到了大家的积极响应，通过共享资源，几家公司不仅降低了运营成本，还提高了工作效率，实现了互利共赢。

共享模式，从本质上来说，是一种通过整合分散的资源，实现资源利用最大化的经济模式。在共享模式下，公司不再需要独自承担所有的运营成本，而是可以与其他公司或个人共同使用资源，从而降低自身的成本负担。从经济学的角度来看，共享模式的核心在于实现了资源的边际成本递减。当多家公司共享同一资源时，随着使用该资源的公司数量不断增加，每家公司分摊到的成本就会不断降低。同时，共享模式还提高了资源的利用效率，使得有限的资源能够创造出更多的价值。此外，共享模式还促进了公司之间的合作与交流。在共享资源的过程中，公司之间可以相互学习、借鉴，共同开发市场，实现互利共赢。这种合作不仅有助于公司降低成本，还能提升公司的创新能力和市场竞争力。

一般来说，我们选择共享的资源都是利用率较低，但又必须配备的设施和服务，具体的共享方向需要公司根据自己的产品类型、经营模式来考虑。以下是几个常见的共享角度，可以启发我们的思路。

① 共享办公空间

联合办公近年来备受青睐，对于规模较小的公司来说，在共享空间中办公是一个较为理想的选择。入驻共享空间的公司，既能享受到市中心绝佳地段带来的便利，还可以共享齐全的办公设施，如高速网络、会议室、茶水间、办公设备等。租金一般按工位或办公面积计算，租期灵活，面积也可以根据公司的规模随时调整。对于初创公司和中小型公司来说，这大大降低了租金成本和装修成本，同时还能享受到不错的办公环境和配套服务。正是因为如此，不少初创团队或者小公司都从共享办公空间起步，甚至还衍生出了"一人公司"的模式，即个人租用一张办公桌，就可以起步开一家公司。

② 共享设备与工具

在制造业中，共享设备的案例屡见不鲜。比如在某些工业园区，多家小型机械加工厂共同出资购买大型数控加工设备，并共同使用。这些设备价格昂贵，单个公司购买不仅成本高，而且设备利用率低。通过共享，公司只需在有加工需求时使用设备，并按使用时长或加工量支付费用。这不仅降低了公司的采购成本，还提高了设备的利用率，减少了设备闲置带来的资源浪费。在一些写字楼，共享打印机、复印机等办公设备也逐渐流行起来，公司可以通过租赁的方式使用这些设备，无须一次性投入大量资金购买。

❸ 共享人力资源

对一些用工需求有季节性、周期性波动的公司来说，人力资源也可以共享。比如，服装加工公司在旺季时用工量大，淡季时用工量少，可以通过与其他公司共享员工，实现人力资源的优化配置，降低人力成本，提高人力资源利用率。

❹ 共享仓储和物流资源

对小型电商公司来说，共享仓储和物流资源是降低成本的有效途径。多家电商公司可以共同租赁一个大型仓库，按照各自的存储需求划分存储空间，共享仓库的设备和管理人员。在物流配送方面，联合多家公司的订单进行集中配送，不仅可以降低单位商品的物流成本，还能提高物流配送的效率。一些物流园区也提供共享仓储物流服务，公司可以根据自身业务需求灵活选择仓储面积和配送服务，大大降低仓储和物流成本。

⑤ 共享财务服务

　　财务共享中心是一种整合公司内部财务资源的管理模式。对于小公司来说，可以加入财务共享服务平台，由平台方为公司提供账务处理、税务申报、财务分析等一站式服务。这种模式集中处理财务事务，可以降低公司的用工成本，让小公司无须雇佣专门的财务人员。同时，共享平台的专业财务人员凭借其专业能力，能够提供更准确、及时的财务服务，让公司可以更好地进行财务管理和决策工作。

　　通过共享资源，小公司能将有限的资金和精力集中投入核心业务的发展中，提升自身的竞争力。同时，共享模式所带来的合作与交流机会，也有助于小公司拓展业务渠道，获取更多的市场资源，实现互利共赢。

特许经营：
摊薄成本，扩大品牌影响力

公司想扩大经营规模，扩大品牌影响力，但是缺少足够的资金怎么办？这时候，特许经营模式或许能解决公司的困境。该模式不仅能帮助小公司有效摊薄成本、降低运营风险，还能不断扩大品牌的影响力。

简单来说，特许经营是一种商业模式，指特许人将自己拥有的商标、产品、专利、技术、配方等无形资产，以特许经营的形式授权他人使用。被特许人需要按照合同约定的统一模式经营，并向特许人支付相应的费用。比如，你有一家小吃店，口味独特，经营模式成熟，你就可以通过特许经营，让其他人在不同的地方开同样的小吃店，使用你的品牌、产品配方和经营模式，但需要给你一定的授权费。这样，你的品牌就能被更多人知晓，成本也能被众多加盟店摊薄。

对小公司来说，特许经营有着不可忽视的优势。从成本角度看，自己独自开设分店，需要投入大量的资金用于店铺租赁、设备采购、人员招聘等，而在特许经营模式下，这些费用由加盟商承担，公司只需输出品牌和经营模式，大大降低了扩张成本。在品牌影响力方面，每一家加盟店都是品牌的展示窗口，随着加盟店遍地开花，品牌知名度也会不断提升，吸引更多消费者的关注。

2024 年，知名餐饮连锁品牌海底捞做出了一个重大决策，宣布摒弃以往坚持的直营模式，推行加盟特许经营模式。这一重大变动引起了行业内外的关注。海底捞在进行特许经营授权时，设置了诸多详细条件。

在价值观方面，海底捞要求加盟商必须认同其公司文化，海底捞独特的公司文化和服务理念是其核心竞争力所在，只有契合公司文化的加盟商，才能真正将海底捞的品牌精神传递给消费者。在资金和资源方面，加盟商需具备健康的财务基础、充足的可投入资金和丰富的公司管理经验，这就将加盟商对象限定在机构投资者和有经营经验的公司，确保加盟商有足够的实力和能力运营加盟店。

海底捞采用类托管的特许经营模式，在此模式下，加盟商的门店运营、绩效考核、人事招聘、供应链等日常工作均由海底捞负责。这一模式与传统的特许经营模式有很大不同，最大程度保证了加盟店与直营店在顾客体验、服务标准、运营管理等方面的一致性。

借助特许经营加盟条件的限制，海底捞可以把控各个加盟店的运营状态、产品质量、服务态度，避免对品牌声誉造成不良影响。此前，海底捞门店主要集中在二线及以上城市，通过特许经营模式，海底捞不仅吸引到更多优质资源，进一步增加市场份额，也提升了品牌在全国乃至全球的知名度和影响力。

通过海底捞的授权模式我们可以发现：公司如果既想利用特许经营模式扩张，又想维护品牌现有声誉，保障产品和服务的品质不变，就需要在授权时谨慎挑选加盟商。稳步扩张、坚守原则、维护品牌，才能实现共赢。这需要我们考虑以下几点。

① 打磨自身，时机成熟再出发

在决定开展特许经营之前，小公司先要确保自身拥有成熟且可以盈利的商业模式。这意味着公司的产品或服务已通过市场的检验，有稳定的客户群体和良好的口碑。只有在此基础上，将成功模式复制给加盟商，才更有可能取得成功。如果自身商业模式还不完善，就急于开展特许经营，可能会导致加盟店经营困难，进而损害整个品牌的声誉。

② 选对伙伴，携手共进

加盟商的选择直接关系到特许经营的成败，公司要制定严格的筛选标准，全面考量加盟商的资金实力、经营能力、市场资源以及合作意愿等。资金实力是基础，加盟商需要有足够的资金承担店铺装修、设备采购、人员招聘等前期费用，以及维持店铺运营。经营能力也至关重要，具备丰富的行业经验和出色的管理能力，才能更好地应对经营过程中出现的各种问题。此外，加盟商还需要拥有一定的市场资源，如当地的人脉关系、商业渠道等，助力店铺快速打开市场。强烈的合作意愿和对品牌的高度认同也不可或缺，能让加盟商更积极地投入加盟店的运营中，与公司共同发展。

3 法律护航，稳健前行

签订完善的特许经营合同是保障双方权益的关键。合同中应明确双方的权利、义务，包括特许经营权的授予范围、期限、支付方式、违约责任等。同时，要确保合同的合法性和规范性，避免出现法律漏洞。对于双方违反合同约定的情形，如加盟商擅自改变经营模式、泄露商业秘密、公司未按约定提供支持等，也应详细规定相应的处理方式。如果合同条款不清晰，在经营过程中一旦出现纠纷，就可能给双方带来不必要的损失。

4 持续支持，共同成长

为加盟商提供持续的培训、运营指导和技术支持，是公司帮助加盟商解决经营难题、实现共同成长的重要保障，也是维护公司品牌、口碑的必要手段。在培训方面，公司给予的支持应该涵盖产品知识、服务技巧、店铺管理、市场营销等多个维度。同时，随着市场的变化和技术的发展，公司要不断更新技术，为加盟商提供升级支持，确保加盟店始终保持竞争力。

5 品牌维护，坚守底线

品牌形象和声誉是公司的生命线，在特许经营模式下，要确保所有加盟店严格维护品牌的一致性。比如，公司需要制定统一的品牌标准和规范，保证产品和服务的稳定性。所有加盟店的店面装修都要按照公司统一的设计方案进行，从店铺招牌、店内布局、装饰风格，到使用的材料、颜色搭配等，都要保持一致，让消费者无论走进哪家加盟店，都能感受到相同的品牌氛围。员工着装也应统一，以展现品牌的特色和形象。一旦发现加盟商的违规行为，要及时处理，立即要求其整改，情节严重的要按照合同约定进行处罚，甚至终止合作。严格的品牌管理有助于维护品牌的良好形象和声誉，提升品牌的市场竞争力。

对于小公司来说，特许经营可以让品牌的影响力快速扩大，在实施特许经营的过程中，只要把握好各个关键点，就能够在这条道路上稳步前行。

第十一章
产业模式：逐步完善产业链

OEM 模式：

传统代工，合作盈利

OEM，全称为"Original Equipment Manufacturer"，即原始设备制造商，在国内常被称为"贴牌生产"或"代工生产"。从商业运作的角度来看，OEM 模式是品牌方与制造商之间的一种合作模式，在这种模式下，品牌方掌握着产品的核心技术、品牌资源以及销售渠道，负责产品的设计研发、市场推广与销售等环节；而制造商则凭借自身的生产设备、生产工艺、人力资源等生产要素，按照品牌方的要求进行产品的生产制造。产品生产完成后，贴上品牌方的商标，由品牌方推向市场进行销售。

耐克公司是 OEM 模式的典型代表。作为全球知名的运动品牌，耐克的年销售收入高达数十亿美元，但它自己却没有生产工厂，产品的生产全部采用 OEM 方式，委托亚洲等地区的生产厂家进行。这些生产厂家按照耐克公司的设计要求和质量标准，生产出各类运动鞋、运动服装等产品，随后贴上耐克的品牌商标，销往全球各地。通过这种模式，耐克公司实现了轻资产运营，大大降低了生产成本和运营风险，同时得以更加专注于产品创新和品牌建设，保证了自身在全球运动市场的领先地位。

在 OEM 模式下，品牌方和制造商通过各司其职、紧密合作的方式实现盈利。在品牌的建设与维护方面，品牌方需要借助广告宣传、公关活动、社交媒体营销等多种手段，提升品牌知名度、美誉度和市场影响力。在产品的设计研发方面，品牌方需要进行新技术、新产品的创新，确保产品在市场上具有竞争力。在销售与售后服务方面，品牌方也需要通过自有销售渠道或与经销商合作的形式，将产品推向市场，并为消费者提供优质的售后服务，处理消费者的投诉和建议，维护消费者的权益。

而制造商的职责主要集中在产品生产环节，确保产品的质量过硬、产量达标且按时交货。制造商需要配备先进的生产设备、掌握专业的生产技术，并拥有熟练的生产工人，能够高效、高质量地完成生产任务。在生产过程中，制造商要严格控制生产成本，通过优化生产流程、提高生产效率、合理采购原材料等方式，降低产品的生产成本，为品牌方提供具有价格竞争力的产品。

公司可以根据自身的生产和经营特点，在 OEM 模式下寻求自己的定位，不管是品牌方还是代工制造商，都需要充分发挥各自的优势密切合作，才能稳定地赚取利润。接下来，我们会分别从品牌方和代工厂的视角，分析 OEM 模式下经营合作的关键要点。

❶ 品牌方：品质至上，用口碑赢得订单

对于品牌方来说，代工产品的质量直接关系到公司的信誉和

长期盈利能力。即便是声名在外的老字号品牌同仁堂，也曾出现过质量风波。由于蜂蜜生产商被曝光违规使用过期蜂蜜、篡改生产日期标签等操作，同仁堂的市值在短时间内蒸发十几亿，公司形象遭到公众的严重质疑。品牌将制造环节转交给代工厂后，更要把控好产品质量，因为一旦出现问题将对公司造成巨大打击。尤其是小公司，经营品牌和口碑并不容易，更应该兢兢业业运营，谨慎对待产品。

因此，在选择制造商时，可以通过实地考察、查看生产资质、了解过往合作案例等方式全面考察其生产能力、技术水平、质量控制体系。在选定代工厂后，还要建立严格的质量控制流程，从原材料检验、生产过程监控到成品检验，每一个环节都不能放松。比如，定期对生产线进行检查，确保设备正常运行；对员工的操作进行规范指导，提高员工的质量意识。不断提升产品质量，赢得消费者的口碑，才能吸引更多的长期订单，实现公司的持续盈利。

除此之外，稳定的供应链也至关重要。制造商需要有良好的生产能力和组织管理能力，保证按时交货，在筛选制造商时，可通过考察其生产设备、员工素质、生产规模及历史交货记录来判断其交货能力。建立长期合作关系对品牌方和制造商来说是双赢的选择，我们可以与供应商签订长期合同，明确双方的权利和义务。

为了降低单一制造商带来的风险，公司还应该开拓多元供应渠道，寻找多个可靠的供应方，并在不同制造商之间进行合理的采购分配。这样一来，当某个制造商出现问题时，其他工厂能够及时补充，确保生产的连续性。

② 制造商：做好成本控制，打开利润空间

对于制造商而言，在代工过程中控制成本是实现盈利的关键。在采购环节，要与上游供货商建立长期稳定的合作关系，通过批量采购、签订长期合同等方式争取更优惠的价格。同时，要优化采购流程，减少采购环节的浪费，比如，可以通过信息化系统实现采购流程的自动化，提高采购效率并降低采购成本。

在生产流程方面，制造商可以引入精益生产理念，以此减少浪费，提高生产效率。精益生产强调通过削减不必要的工序、减少库存、优化生产布局等方式，降低生产成本。例如，通过优化生产线布局，缩短物料搬运距离，提高生产效率。

人力成本也是公司成本的重要组成部分，制造商可以根据业务需求，合理安排员工的工作岗位和工作时间，避免人员闲置，减少人力资源浪费。同时，加强员工培训，提高员工的技能水平和工作效率，从而降低单位产品的人力成本。

未来，随着市场竞争的加剧和技术的不断进步，OEM 模式将朝着更加专业化、智能化的方向发展。制造商需要不断提升自身的核心竞争力，加强与品牌方的合作，以适应市场的变化和发展。同时，品牌方也需要更加重视对制造商的筛选和管理，与稳定的合作伙伴携手应对市场挑战，才能实现长期稳定盈利。

ODM 模式：

贴牌合作，重视自研产品

相比于 OEM 模式，在 ODM 模式下，制造商需要承担更多的工作。ODM 全称为 "Original Design Manufacturer"，即原始设计制造商，品牌方和制造商建立合作后，制造商不仅需要承担代加工工作，还需要进行产品设计和开发。

也就是说，在 ODM 模式下，制造商会根据客户的要求，自主设计和开发产品，而客户既可以对制造商的设计方案进行修改，也可以直接采用其成熟的设计方案，然后贴上自己的品牌进行产品生产和销售。制造商在供应链中处于中游位置，连接着上游的原材料供应商和下游的品牌商或零售商，其核心优势在于强大的技术研发能力和生产能力。

富士康创立于 1974 年，最初只是一家小型的塑料模具制造商。凭借出色的制造能力和严格的品质控制，富士康逐渐在市场中崭露头角，最终乘着全球电子消费品市场扩张的东风，成长为世界知名的电子产品代工厂。近些年，富士康逐渐从 OEM 模式向 ODM 模式转型，这一转变不仅使其在代工环节获取更多利润，还增强了公司的竞争力。

代工模式转型的关键就在于强大的研发设计能力。为此，富士康在全球设立多个研发中心，投入大量资源进行技术创新和产品研发，不断提升自己的设计和制造水平。现在，富士康可以为客户提供从产品设计、开发到制造的一站式服务，如果品牌方欠缺研发能力，富士康可以有针对性地提供设计方案，帮助品牌解决问题，进而争取到更多订单。所以，富士康才能稳固其在电子代工领域的地位。

与此同时，制造商也要发挥成本控制的优势，才能彰显竞争力。富士康在全球拥有庞大的制造基地和供应链网络，可以借助规模效应降低生产成本。公司在生产过程中采用精益管理和自动化技术，进一步提升了生产效率和产品质量。

发展到现在，富士康已经与众多国际知名品牌建立了长期稳定的合作关系，成为苹果、戴尔、惠普等公司的主要代工厂。富士康的成功不仅源于其强大的制造能力，更得益于其对客户需求的深刻洞察和快速响应。

富士康的转型和发展启示我们：如果公司是制造商，想要长期发展就要重点提升研发能力和生产能力，走 ODM 模式，助力品牌方快速将产品推向市场，并推动整个产业链的高效运转。

1 提高技术研发与创新能力

技术研发与创新能力是 ODM 制造商的核心竞争力。消费者需求在不断变化，技术也在持续更新，制造商只有持续投入、不断进步，才能跟上时代的步伐，满足市场需求。

这要求制造商转变思维，不能像 OEM 的代工制造商一样只关注品牌客户的要求，还要接触消费终端，进行深入的市场调研，了解消费者的痛点和需求。只有明白消费者需要什么，才能结合自身的技术实力，提出独特的设计理念和解决方案。

ODM 制造商需要加大研发投入，吸引和培养优秀的研发人才，建立完善的研发体系和创新机制。与高校、科研机构等开展合作是获取前沿技术和创新思路的重要途径。通过产学研合作，制造商可以将高校和科研机构的科研成果转化为实际产品，提升自身的技术水平和创新能力。

② 加强产品的质量管控

和 OEM 模式一样，在 ODM 模式中，产品质量是制造商的生命线，直接关系到品牌商的市场声誉和消费者的满意度。所以，在 ODM 模式下，制造商务必坚守老本行，建立严格的质量控制体系，确保产品质量的稳定性。

在原材料采购环节，制造商要严格筛选供应商，并在生产过程中加强质量监控、严格执行生产工艺和质量标准。比如，通过引入先进的生产设备和质量检测设备，提高生产的自动化水平，增强质量检测的准确性。同时，建立完善的质量追溯体系，一旦产品出现质量问题，能够快速追溯到问题的源头，及时采取措施加以解决。以某汽车零部件的 ODM 制造商为例，其构建的质量追溯体系能够准确追溯到每个零部件的生产批次、原材料来源、生产设备等信息，以便在出现质量问题时，能够迅速召回相关批次的产品，降低质量风险。

此外，制造商还需要加强员工的质量意识培训，让每一位员工都认识到产品质量的重要性，从源头上保障产品质量。定期对产品进行质量抽检和评估，及时发现并解决质量问题，不断优化产品质量。制造商可以通过持续的质量改进，提高产品的质量稳定性和可靠性，赢得品牌方和消费者的信任。

③ 优化供应链和物流管理

优化供应链体系是 ODM 制造商降低成本、提高交付效率的重要手段。与优质的供应商建立长期稳定的合作关系，能够确保原材料的稳定供应。与供应商的深度合作，有助于双方实现信息共享，共同优化生产计划和库存管理，降低库存成本和采购成本。

此外，还需要加强对物流配送的管理，选择合适的物流合作伙伴，优化物流配送路线，降低物流成本，提高交付效率。

④ 重视与客户的合作和关系维护

与品牌方建立长期稳定的合作关系是 ODM 制造商持续发展的重要保障。在合作过程中，要充分了解品牌方的需求和战略目标，提供定制化的产品解决方案和优质的服务。只有及时响应品牌方的需求，并与其保持良好的沟通和协作，才能获得品牌方的长久支持。

在产品研发阶段，制造商要与品牌方密切沟通，根据品牌的市场定位和目标客户群体，进行产品的设计和优化；在生产过程中，严格按照品牌方的要求和标准进行生产，确保产品质量达标并按时交付；在服务方面，做好售前的技术咨询、方案设计，售中的生产进度跟踪、质量控制，以及售后的技术支持、产品维修等工作，通过优质的服务提高品牌方的满意度和忠诚度。

此外，还可以通过与品牌方开展深度合作，例如共同研发新产品、共享市场信息等，实现互利共赢的发展目标。通过建立长期稳定的合作关系，ODM 制造商不仅可以获得更稳定的订单来源和收益，还有助于提升自身的技术水平和市场竞争力。

随着市场竞争的加剧和技术的不断发展，制造商要想在市场上具有足够竞争力，并获得合作中的议价权，就必须从单纯的代加工模式——OEM 模式，转向设计、加工一体化的 ODM 模式，如此才能保持竞争优势，实现长久盈利。

OBM 模式：

孵化品牌，整合产销一条龙

OBM，即"Original Brand Manufacturer"，意思是原始品牌制造商，指生产商自行创立产品品牌，并生产、销售拥有自主品牌的产品。简单来说，就是公司不仅负责产品的设计与生产，还拥有自己独立的品牌，并通过自主的销售渠道将产品推向市场。与常见的代工模式相比，OBM 模式最大的特点就是公司对品牌、设计、生产、销售等环节拥有高度的控制权和自主权，并发展出了自己的品牌生态链。

对制造商来说，OBM 模式可谓公司发展的终极目标。在这一模式下，公司摆脱了代工厂的身份，可以销售自有品牌，并将全部利润收入囊中，实现盈利的最大化。但这也要求公司在保持较高的制造水准的同时，兼顾品牌和营销，从多个环节出击，做好全方位经营。

福瑞达是一家专注于生物制药和化妆品领域的高科技公司，最初主要从事生物制药的研发和生产业务。随着公司的发展，福瑞达逐渐意识到，单纯依靠代工生产的 OEM 模式难以实现长期可持续发展。为了提升核心竞争力和市场影响力，福瑞达决定推行OBM模式，打造自主品牌。

福瑞达在实施OBM模式的初期，进行了详细的市场调研和分析，将高端生物制药和功能性护肤品确定为主要发展方向，通过精准的市场定位，奠定了未来的品牌基调。之后，福瑞达专注于技术创新与产品研发，凭借其强大的研发团队和先进的科研设备，持续进行技术创新和新产品开发工作。同时，公司还与国内外多所知名科研机构和高校合作，建立了多个联合实验室，确保产品在技术上的领先性和创新性。

在积累了足够的技术实力后，福瑞达推出了多个自有品牌，如"颐莲"和"贝润"等。在品牌建设的过程中，福瑞达通过多渠道的广告投放、参与国际展会和行业论坛，逐步提升了品牌的知名度和美誉度。同时，公司还积极利用新媒体和社交平台，与消费者进行互动，进一步增强品牌的影响力。

最终，福瑞达的产品品牌在国内外市场获得了广泛认可，福瑞达的品牌价值和市场竞争力得到有效提升。

福瑞达的成功不仅体现在销售额的增长和市场份额的提高上，更体现在品牌影响力的扩大和公司形象的提升上。通过OBM模式，它实现了从代工厂到知名品牌的跨越，成为国内生物制药和功能性护肤品领域的领导者。对品牌方和制造商来说，要想突破自身的局限，就一定要打造自有品牌、构建完整的生产链、建立完善的公司生态体系，如此才能让公司发展得更稳定。

① 进行精准的品牌定位

精准的品牌定位能提高品牌的辨识度，让消费者在众多选择中快速识别并记住品牌。

产品特性是品牌定位的重要依据，它直接决定了品牌在市场中的竞争优势。不同的产品特性能够满足消费者不同的需求和偏好，从而吸引不同类型的消费群体。因此，公司在进行品牌定位时，必须深入分析产品特性，并将这些特性与目标消费者的需求紧密结合起来，以此来确定品牌的定位方向。

除了产品特性，生产规模也对品牌定位有着深远的影响，它在很大程度上决定了品牌的产品定价策略以及目标消费群体。大规模生产和小而精生产是两种截然不同的生产模式，它们各自具有独特的优势和特点，公司需要采取有针对性的品牌定位策略。

大规模生产通常具有显著的成本优势，公司可以通过批量采购原材料、高效的生产流程以及大规模的设备投入，降低单位产品的生产成本。基于这种成本优势，能实现大规模生产的制造商往往将品牌定位为大众市场品牌，以价格亲民、产品普及率高为主要卖点，追求高市场份额和高销量。而小而精生产模式则侧重于产品的高品质、独特设计和个性化定制。这类公司通常生产规模较小，但注重产品细节，追求卓越的品质和独特的产品风格。它们通常将品牌定位为高端、小众、个性化的品牌，针对特定的高端消费群体或追求产品独特性的消费者。

② 打造高质量产品

产品品质是公司的生命线，也是公司在市场中立足的根本。在 OBM 模式下，公司最大的优势就是制造环节掌握在自己手中。这样可以更好地监督产品的生产过程，做好质量把控，给消费者提供高品质的产品，实现长期盈利。

高品质的产品除了质量稳定外，创新性也是其重要特征。公司有强大的产品研发能力和创新能力，才能保证产品品质，打造核心竞争力。

小公司由于资金相对有限，应合理安排资金，尽可能地加大研发投入。一方面，可以设立专门的研发基金，用于新技术探索与新产品研发；另一方面，可以通过与高校、科研机构合作，借助外部的研发资源，降低研发成本，提高研发效率。更重要的是，公司要建立完善的人才培养体系，可以通过内部培训、导师制等方式，提升员工的专业技能和创新能力。只有这样，公司才能不断迭代产品，并保障产品的稳定性和高品质。

③ 提出多元的营销策略

营销策略是公司将产品推向市场、吸引消费者的重要手段，公司不能只做单纯的制造商，也需要承担品牌营销、产品推广的责任。

社交媒体营销是当下最热门的营销方式之一，具有成本低、传播速度快、覆盖面广等优势。小公司可以根据目标客户群体的特点，选择合适的社交媒体平台。比如，如果目标客户群体是年轻人，那么抖音、小红书等平台可能更适合。在这些平台上，公司可以通过发布有趣、有用的内容，吸引用户的关注和互动。同时，还可以利用社交媒体平台的广告投放功能，精准定位目标客户群体，提高品牌的曝光度，增加产品的销售量。

口碑营销则是利用消费者的口碑传播来推广品牌和产品。研究显示，相较于广告宣传，消费者更倾向于相信朋友、家人或其他消费者的推荐。所以，小公司要注重提供优质的产品和服务，让消费者满意，从而促使他们主动为公司进行口碑传播。除了自然的口碑传播外，公司还可以通过设置奖励机制，鼓励消费者参与口碑传播，如推荐新客户可获得优惠券、积分等。

对于在 OBM 模式下发展的公司来说，全方位地维护品牌生态链，确保各个环节万无一失，才能让产品顺利地投入市场，为品牌实现持续盈利奠定基础。